Maravillas

MI LIBRO DE LECTURA Y ESCRITURA

I0798880

McGraw Hill

COVER: Nathan Love, Erwin Madrid

mheducation.com/prek-12

Send all inquiries to:
McGraw-Hill Education
Two Penn Plaza
New York, New York 10121

ISBN: 978-0-07-702832-9
MHID: 0-07-702832-5

Printed in the United States of America.

8 9 10 11 12 13 LON 25 C

¡Bienvenidos a Maravillas!

Lee textos apasionantes de **Literatura**, **Ciencias** y **Estudios Sociales**.

- ★ **APRENDE** acerca del mundo que te rodea.
- ★ **PIENSA**, **HABLA** y **ESCRIBE** sobre géneros literarios.
- ★ **COLABORA** en charlas e investigaciones.
- ★ **¡EXPRÉSATE!**

my.mheducation.com

Con tus datos de acceso podrás leer textos, practicar gramática y ortografía, explorar proyectos de investigación y mucho más.

UNIDAD 3

GÉNERO 1 NARRATIVA DE NO FICCIÓN

ESTUDIOS SOCIALES

Alison Wright/Corbis Documentary/Getty Images

Recursos digitales Consulta este libro electrónico y otros recursos en **my.mheducation.com**

GÉNERO 2 FICCIÓN REALISTA

UNIDAD 3

GÉNERO 3 TEXTO EXPOSITIVO

jianying yin/Getty Images

CONCLUSIÓN DE LA UNIDAD

LO QUE APRENDISTE

AMPLÍA LO QUE APRENDISTE

EVALÚA TU PROGRESO

Coméntalo

Pregunta esencial

¿Cómo la gente ayuda a su comunidad?

COLABORA

Este jardín era antes un terreno lleno de basura. Algunos vecinos buscaron una solución al problema. Limpiaron el terreno e hicieron un jardín.

Comenta con un compañero lo que sucede en la foto. Piensa cómo podrías ayudar en tu comunidad. Escribe tus ideas en la red.

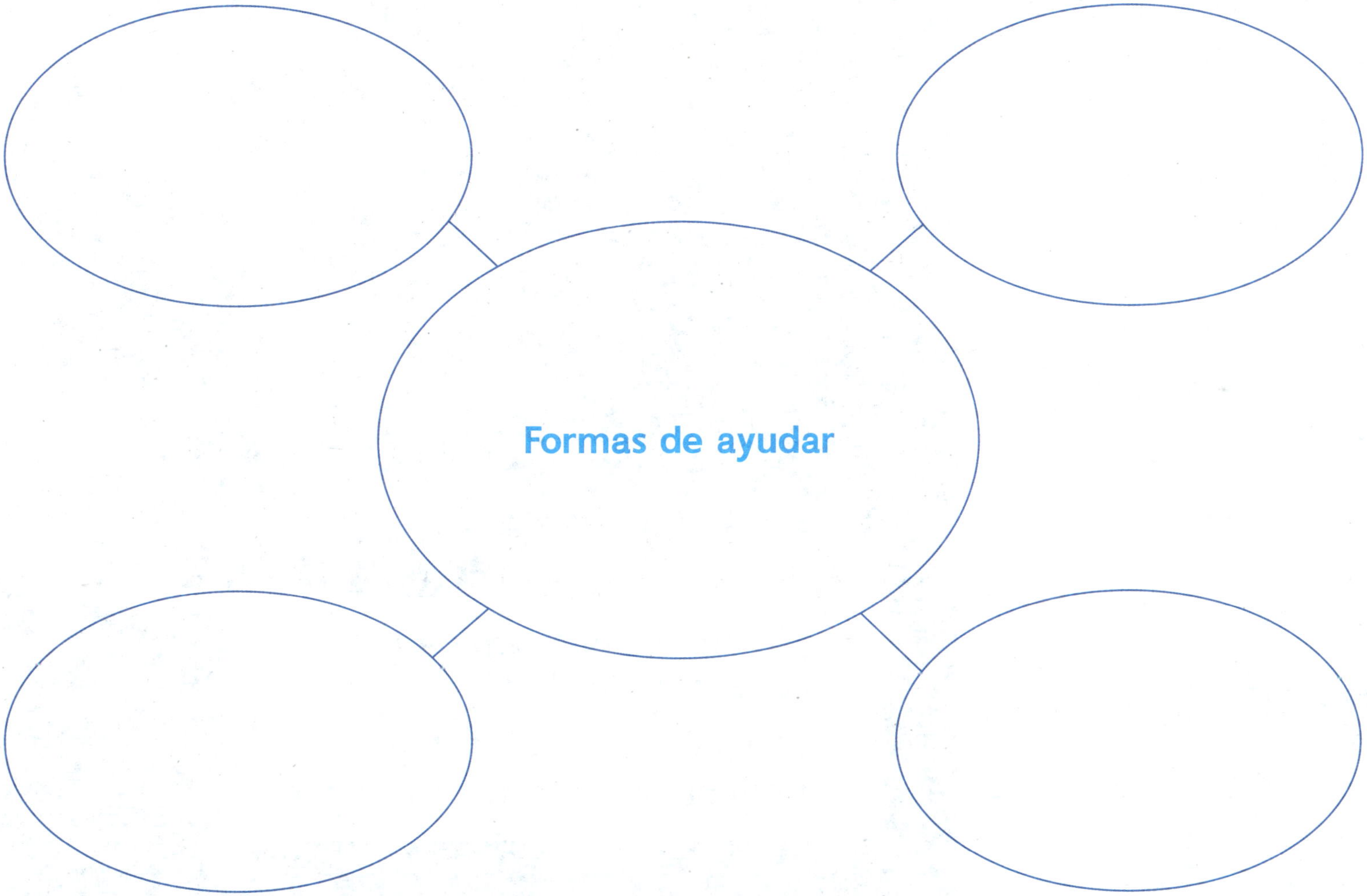

LECTURA COMPARTIDA

TOMA NOTAS

Hacer preguntas te ayuda a descubrir qué información quieres aprender.

Escribe abajo tus preguntas para obtener información.

____

____

____

A medida que leas, toma nota de:

Palabras interesantes ______

____

Detalles clave ___________

____

____

____

Iluminando vidas

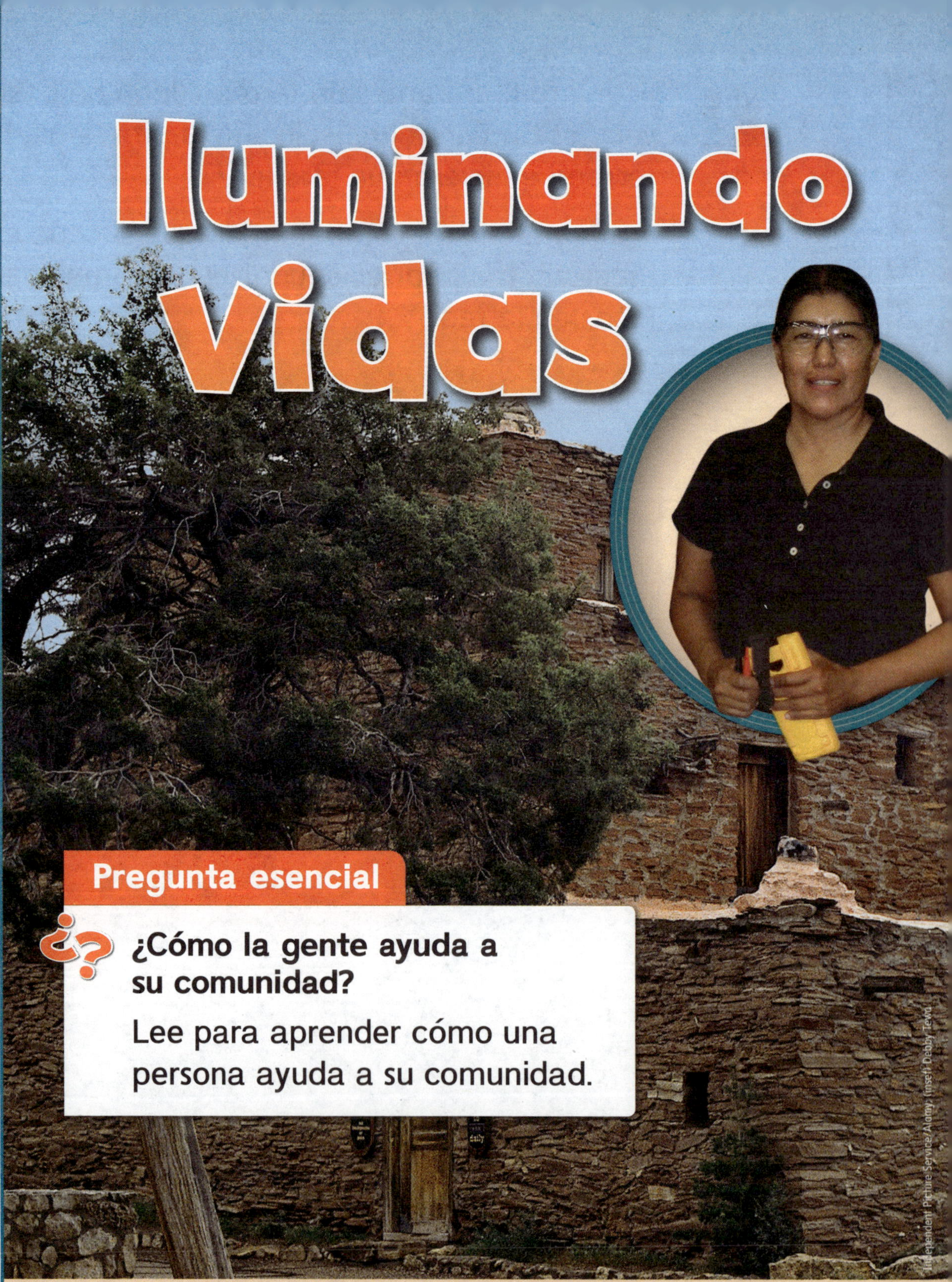

Independent Picture Service/Alamy; (inset) Debby Tewa

Pregunta esencial

¿Cómo la gente ayuda a su comunidad?

Lee para aprender cómo una persona ayuda a su comunidad.

Cuando Debby Tewa tenía tu edad, no había electricidad en su casa. Para leer de noche, no podía prender la luz. Entonces, encendía una vela. No podía usar una cocina o un horno de microondas para cocinar. Su familia cocinaba con fuego.

Debby vivía en Arizona. A los diez años, se mudó. Su nueva casa tenía electricidad. Podía encender lámparas y usar el teléfono. ¡Eso le gustaba!

Debby Tewa vivía en una casa de ventanas pequeñas, como esta. No había mucha luz.

NARRATIVA DE NO FICCIÓN

BUSCAR EVIDENCIAS

Leer

Párrafo 1

Propósito del autor

Subraya lo que dice el autor sobre la vida de Debby a tu edad. **Encierra en un círculo** las descripciones de cómo se leía y cocinaba en su casa.

Párrafo 2

Combinar información

¿Cómo cambió la vida de Debby a los diez años?

Releer

Técnica del autor

¿Cómo te ayuda el autor a comprender cómo era la primera casa de Debby?

LECTURA COMPARTIDA

BUSCAR EVIDENCIAS

Leer

Párrafo 1

Propósito del autor

Subraya detalles sobre el uso de los paneles solares.

Párrafo 2

Hacer y responder preguntas

Escribe una pregunta sobre dónde Debby eligió trabajar.

Encierra en un círculo detalles que la respondan.

Releer

Técnica del autor

¿Cómo usa el autor signos de puntuación para mostrar el entusiasmo de Debby?

Cuando creció, Debby se dio cuenta de que quería aprender más sobre la energía solar. Esta energía es electricidad que viene del sol. Los paneles solares se colocan en los techos de los edificios. La luz del sol choca contra estos paneles y se transforma en electricidad.

Debby pensó mucho en la energía solar. Luego, se le ocurrió una **idea**. ¡Estaba entusiasmada! Comenzó a trabajar para una compañía que daba energía solar a las casas. Creía que sería una buena solución para quienes no tenían electricidad. ¡A Debby le gusta resolver problemas!

(b) Bernhard Lang/Photographer's Choice/Getty Images; (t) Debby Tewa

Los paneles solares ahora se usan en muchas casas.

Debby también pensó en la gente que vive en las **aldeas**. Los **vecinos** de estos pequeños pueblos no tienen electricidad. La energía solar funcionaría bien allí porque en Arizona hay mucho sol. Debby decidió ayudar a estas familias.

Para que una familia pudiera **emprender** el proyecto, Debby la ayudaba a pedir dinero **prestado** al banco para comprar los paneles. Luego, tenían un tiempo para devolver el dinero al banco. Y lo mejor es que no hay que pagar por la energía solar.

NARRATIVA DE NO FICCIÓN

BUSCAR EVIDENCIAS

Leer

Párrafo 1

Sinónimos

Encierra en un círculo la palabra que significa casi lo mismo que *aldeas*. ¿Qué hizo Debby por las familias que viven en aldeas?

____

____

Párrafo 2

Propósito del autor

Subraya cómo ayuda Debby a las familias a comprar paneles solares.

Releer

Técnica del autor

¿Cómo te ayuda el autor a entender por qué la energía solar es una buena solución para estas familias?

LECTURA COMPARTIDA

BUSCAR EVIDENCIAS

Leer

Párrafo 1

Fotos y leyendas

Encierra en un cuadrado la información que se refiere a la fotografía.

¿Qué hace Debby cuando viaja a lugares remotos?

Párrafo 2

Hacer y responder preguntas

Subraya la evidencia del texto que responde a la pregunta "¿Cómo ayuda Debby a los niños hopis?".

Debby viaja a lugares remotos de Arizona y Nuevo México. Trata de **divisar** nuevos lugares **apartados** donde ayudar. Enseña a los hopis y a los navajos a obtener energía solar.

Debby ama su trabajo e **insiste** en que las familias aprendan cuánto puede ayudarlos la energía solar. Ellos están felices de hacer lo que ella les indica. Debby también viaja a escuelas y campamentos de verano para hablar a los niños hopis sobre la energía solar.

Debby ayuda a mucha gente de la comunidad hopi.

Debby va de un lugar a otro manejando su camión. Es una tarea solitaria, ya que viaja sola. Pero Debby recuerda lo emocionante que fue usar por primera vez electricidad. Ahora, esas familias pueden calentar sus hogares o encender la luz, sin detenerse a pensar en eso. Debby dice que está "iluminando la vida de la gente".

Resume

Usa los detalles más importantes de "Iluminando vidas" para resumir oralmente cómo ayuda Debby Tewa a que su comunidad tenga electricidad.

NARRATIVA DE NO FICCIÓN

BUSCAR EVIDENCIAS

Leer

Propósito del autor

Encierra en un círculo la descripción de los viajes de Debby de un lugar a otro. **Subraya** lo que recuerda Debby.

Fluidez

Con un compañero, lee el párrafo en voz alta. Usa las ideas del autor y los signos de puntuación como guía para leer con expresión.

Releer

Técnica del autor

¿Qué quiere decir Debby cuando dice que está "iluminando la vida de la gente"? ¿Por qué el autor incluye esta cita de Debby?

Releer | LECTURA COMPARTIDA

Vocabulario

A partir de las oraciones, conversa con un compañero acerca de cada palabra. Luego, responde las preguntas.

aldea

En las **aldeas** viven pocas personas.

¿Dónde viven menos personas: en una aldea o en una ciudad?

____

____

apartado

Dan vive en un lugar **apartado**.

¿Qué lugar apartado puedes nombrar?

____

____

____

divisar

A lo lejos **divisamos** los campos verdes.

¿Qué puedes divisar desde tu ventana?

____

____

emprender

Emprendimos una campaña de reciclaje.

¿Qué proyecto te gustaría emprender?

____

____

idea

A Kate se le ocurrió una **idea** para hacer una grulla de papel.

Nombra alguna idea divertida.

____

____

Tu lista de palabras Elige una palabra que hayas anotado durante la lectura. Busca sinónimos de la palabra en un diccionario impreso o en línea. Escribe oraciones con un par de sinónimos.

insistir

Mamá **insiste** en que nos atemos el cinturón en el carro.

¿En qué insiste siempre tu maestra?

prestado

Me gusta pedir **prestados** los libros de la biblioteca.

Recuerda algo que hayas prestado.

vecino

Pedro dio la bienvenida a su nuevo **vecino**.

¿Cómo se llaman tus vecinos?

Sinónimos

Los sinónimos son palabras que tienen casi el mismo significado. *Hermoso* y *bello* son sinónimos.

BUSCAR EVIDENCIAS

Leí que Debby "viaja por lugares remotos" y que "intenta divisar nuevos lugares apartados". Remotos *y* apartados *son sinónimos. Las dos palabras significan "lugares muy alejados".*

Debby viaja por lugares remotos de Arizona y Nuevo México. Trata de divisar nuevos lugares apartados donde ayudar.

Alison Wright/Corbis Documentary/Getty Images

Tu turno Piensa en un sinónimo para las siguientes palabras de "Iluminando vidas":

casa, página 3 ______________________

felices, página 6 ______________________

Hacer y responder preguntas

Hacerte preguntas sobre un texto te sirve para conseguir la información que buscas. Puedes hacerte preguntas antes, durante y después de la lectura.

Acuérdate

Después de leer, hazte preguntas sobre la información difícil que leíste. Luego, vuelve a leer para responder tus preguntas.

BUSCAR EVIDENCIAS

Mientras leo la página 4 de "Iluminando vidas", me pregunto: "¿qué es la energía solar?". Voy a volver a leer y mirar las fotos para hallar la respuesta a esta pregunta.

Página 4

Cuando creció, Debby se dio cuenta de que quería aprender más sobre la energía solar. Esta energía es electricidad que viene del sol. Los paneles solares se colocan en los techos de los edificios. La luz del sol choca contra estos paneles y se transforma en electricidad.

Leo que la energía solar es electricidad que viene del sol. Entonces, entiendo que los paneles solares usan energía del sol.

COLABORA

Tu turno Después de leer, escribe una pregunta acerca de cómo la energía solar puede ayudar a las personas. Vuelve a leer partes del texto para responder la pregunta.

Fotos y leyendas

> **Acuérdate**
> Presta atención a las fotos y a las leyendas. Te pueden servir para entender detalles clave de un texto.

"Iluminando vidas" es una narrativa de no ficción. En estos textos, un narrador cuenta una historia real acerca de una persona. El autor puede incluir fotos y leyendas.

BUSCAR EVIDENCIAS

Al leer "Iluminando vidas" veo que es narrativa de no ficción porque el narrador cuenta la historia real de una persona, Debby Tewa.

Página 6

Debby viaja a lugares remotos de Arizona y Nuevo México. Trata de **divisar** nuevos lugares **apartados** donde ayudar. Enseña a los hopis y a los navajos a obtener energía solar.

Debby ama su trabajo e **insiste** en que las familias aprendan cuánto puede ayudarlos la energía solar. Ellos están felices de hacer lo que ella les indica. Debby también viaja a escuelas y campamentos de verano para hablar a los niños hopis sobre la energía solar.

Debby ayuda a mucha gente de la comunidad hopi.

Fotos
Las fotos muestran algo que se menciona en el texto o dan más información sobre un tema.

Leyendas
Las leyendas aportan detalles sobre las fotos.

COLABORA

Tu turno ¿Qué te enseñan las fotos y la leyenda de las páginas 4 y 5 sobre el uso de los paneles solares?

____

____

____

Propósito del autor

Los autores escriben narrativas de no ficción para responder preguntas, explicar o describir.

BUSCAR EVIDENCIAS

Cuando leo la página 4 de "Iluminando vidas", aprendo cómo Debby Tewa tuvo la idea de ayudar a otras personas. Creo que es una clave para saber el propósito del autor.

Clave
El autor cuenta cómo Debby Tewa tuvo la idea de ayudar a las personas que no tienen electricidad en sus casas.

COLABORA

Tu turno Continúa leyendo la selección. Escribe en el organizador gráfico otra clave y el propósito del autor.

Debby Tewa

Clave

El autor cuenta cómo Debby Tewa tuvo la idea de ayudar a las personas que no tienen electricidad en sus casas.

Clave

Propósito del autor

Responder a la lectura

COLABORA

Comenta la pregunta de abajo. Piensa en cómo el autor presenta las ideas en el texto. Consulta tus notas y el organizador gráfico.

¿Cómo muestra el autor de qué manera Debby Tewa "ilumina las vidas de las personas"?

____

____

____

____

____

____

____

____

____

Acuérdate

Completa estas oraciones para organizar la evidencia del texto.

El autor describe la casa de Debby...

Debby tuvo la idea...

El autor explica que...

Enlace gramatical

Recuerda que los verbos siempre deben concordar con su sujeto. Por ejemplo:

*Los niños **aprenden** sobre energía solar.*

*Debby **ayuda** a las personas.*

*Las personas **compran** paneles solares para sus hogares.*

Integrar | BÚSQUEDA E INVESTIGACIÓN

ESTUDIOS SOCIALES

Fuentes primarias y secundarias

Existen diferentes fuentes para hallar información. Las **fuentes primarias** surgen de las vidas de las personas. Las cartas, las fotografías y los videos son ejemplos de fuentes primarias. Las **fuentes secundarias** son escritas por personas que estudian un tema.

Lee los siguientes ejemplos de fuentes de información. **Encierra en un círculo** las fuentes primarias y **subraya** las secundarias.

- *Foto del desfile del Cuatro de Julio de 1976*
- *Entrada de enciclopedia*
- *Libro de Estudios Sociales*
- *Discurso del gobernador de tu estado*

Acuérdate

En una fuente primaria, una persona describe un suceso que presenció o en el cual participó. La persona puede usar la primera persona singular *(yo)* o plural *(nosotros)* para describir lo que sucedió.

COLABORA

Libro ilustrado de historia Investiga acerca de una persona o un evento importante de tu ciudad o de tu estado. Luego, haz un libro con ilustraciones y leyendas sobre el tema.

Habla acerca de las fuentes primarias y secundarias que usaste en tu investigación.

Las cartas pueden dar información sobre personas y eventos importantes del pasado.

Releer | TEXTO PRINCIPAL

Biblioburro

¿Cómo te ayuda la autora a entender la idea de Luis?

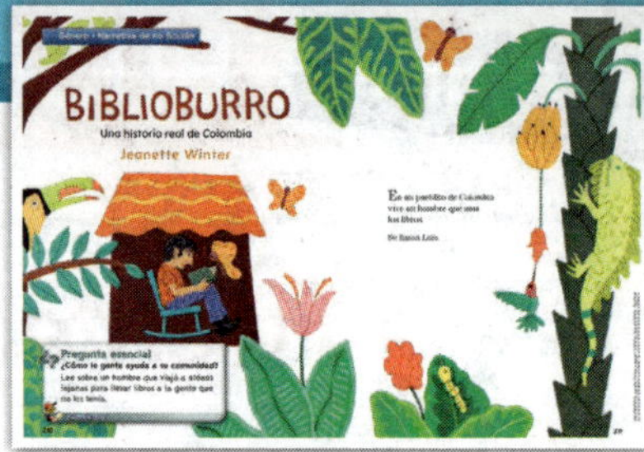

Antología de literatura, páginas 210–229

COLABORA

Coméntalo Vuelve a leer la página 213. Comenta qué se imagina Luis y en qué está pensando.

Cita evidencias Completa la tabla con detalles de la ilustración y del texto que muestren la idea de Luis.

Ilustración	Texto

Escribe La autora me ayuda a entender ______________

____

____

Acuérdate

Biblio- es una raíz de palabra que significa "libro". Con ella se forma la palabra *biblioteca.* Un burro es un animal de carga. *Biblioburro* es una combinación divertida de ambas palabras que significaría "burro-biblioteca".

¿Cómo te ayuda la autora a entender cómo era viajar a las aldeas?

COLABORA

Coméntalo Vuelve a leer las páginas 218 y 219. Describe lo que ves en la ilustración.

Cita evidencias Escribe tres cosas que veas en la ilustración y luego haz una inferencia sobre los viajes de Luis.

Veo	Veo	Veo

El viaje a las aldeas era...

Escribe La autora me ayuda a entender que ______________

____

____

Acuérdate

Completa estas oraciones para hablar sobre la ilustración.

Veo...

Esto me hace pensar que...

Combinar información

Vuelve a la página 216. ¿Qué palabras describen las aldeas y los cerros que Luis recorre todas las semanas?

Releer | TEXTO PRINCIPAL

¿Qué pistas da la autora para mostrar lo que piensan los niños sobre los libros?

COLABORA

Coméntalo Vuelve a leer las páginas 224 y 225. Comenta con un compañero qué están haciendo los niños y cómo se sienten.

Cita evidencias Escribe acerca de lo que están haciendo los niños y cómo se sienten.

Acuérdate

La autora incluye ilustraciones para mostrar cómo se sienten los niños sobre los libros y la lectura.

Los niños están...	Los niños se sienten...

Escribe Sé lo que piensan los niños sobre los libros

porque ____

____

Responder a la lectura

COLABORA

Comenta la siguiente instrucción. Repasa el texto y las ilustraciones para hallar los detalles que la autora da sobre el viaje de Luis.

¿Cómo muestra la autora en las ilustraciones lo difícil que es el viaje de Luis?

____

____

____

____

____

____

____

____

____

Acuérdate

Completa estas oraciones para organizar la evidencia del texto.

La autora describe...

Una ilustración muestra...

Luis y los burros regresan...

Mis lecturas

Elige un texto. Lee las primeras dos páginas. Si no comprendes cinco o más palabras, elige otro texto que te permita leer durante más tiempo. Escribe en tu cuaderno de escritura el título, autor, género y tu propósito de lectura.

Releer | LECTURA COMPLEMENTARIA

Caer bien parado

Mi papá ya está en su trabajo desde antes de que yo me despierte para ir a la escuela. Trabaja en la ciudad como obrero de la construcción. Estos trabajadores construyen grandes edificios y reparan puentes gigantescos, usando pesadas vigas de acero. Cuando llega de trabajar, a mi papá le gusta cocinar o reparar cosas de la casa. A veces también repara cosas de los vecinos. Además, mi papá da clases de su deporte favorito: es entrenador de gimnasia en un centro comunitario. Nos da clases a mí y a otras niñas en el mismo gimnasio donde él practicaba de niño.

Aprender a hacer gimnasia es divertido, pero también difícil. Mi papá nos alienta a practicar para ser cada día mejores.

Antología de literatura, páginas 232-235

Vuelve a leer el texto. **Subraya** detalles que dan información sobre el papá de la narradora.

¿Qué detalles te ayudan a entender que la narradora es una niña?

____

____

____

COLABORA

Comenta por qué la narradora comienza su narrativa personal con detalles sobre su papá y la gimnasia.

La compresa de hielo parecía aliviar a papá. Busqué algunas almohadas para que pudiera mantener la pierna en alto.

—Espero que el tobillo mejore pronto. El lunes tengo que entrenar a las niñas —dijo papá.

Ahora sí estaba realmente preocupada. Papá nunca faltaba a un entrenamiento en el gimnasio. "Tengo hasta el lunes para ayudarlo a mejorar", pensé.

Vuelve a leer el texto. **Subraya** detalles que describen cómo Lucy cuida de su papá. **Encierra en un círculo** detalles que muestran que Lucy está preocupada por las niñas del gimnasio. ¿Por qué tiene hasta el lunes para ayudar a su papá a mejorar?

____

____

____

COLABORA

Habla sobre los sentimientos y pensamientos que Lucy muestra en el texto. Comenta por qué Lucy incluye estos detalles.

Releer | LECTURA COMPLEMENTARIA

¿Por qué crees que la autora escribió "Caer bien parado"?

COLABORA

Coméntalo Vuelve a leer las páginas 232 a 235 de la **Antología de literatura**. Comenta los detalles clave de la historia de Lucy.

Cita evidencias Completa la tabla con detalles sobre lo que Lucy cuenta que ocurrió el viernes, el fin de semana y el lunes.

Viernes	Durante el fin de semana	Lunes

Escribe La autora escribió su narrativa personal ________

____

____

Acuérdate

Parafrasear es contar algo con tus propias palabras. Para comprender y recordar detalles importantes, parafrasea sucesos del cuento. Recuerda relatar los eventos de manera que tengan sentido y en el orden correcto.

Palabras que indican tiempo

Lucy escribe palabras y frases como "el lunes" y "después de la práctica" para ayudarte a entender cuándo ocurre cada evento de su narrativa personal.

Acuérdate

En la página 233 el texto dice "Cuando mi papá llegó a casa". Las frases y palabras que indican tiempo ayudan a comprender cuándo ocurre un suceso.

BUSCAR EVIDENCIAS

Lucy usa las frases "Un viernes" y "después de la escuela" para contar cuándo estaba armando la casita de bloques. **Encierra en un círculo** palabras que indican cuándo sucede el próximo evento en la historia.

> Un viernes, después de la escuela, yo estaba sin nada que hacer. Entonces me puse a armar una casita de bloques para mi gato de juguete. Cuando mi papá llegó a casa de su trabajo, mi mamá y yo nos dimos cuenta de que algo no iba bien.

COLABORA

Tu turno Vuelve a leer el primer párrafo de la página 234. ¿Cómo sabes que el papá se lastimó el tobillo la noche anterior? ¿En qué día de la semana ocurrió?

____

____

¿Qué aprendiste en las lecturas de la semana y el poema de abajo sobre ayudar a los demás?

COLABORA

Coméntalo Conversa con un compañero acerca de cómo el ratón ayuda al león.

Cita evidencias **Encierra en un círculo** claves que muestran lo que el autor piensa acerca de ayudar a los demás.

Escribe Las selecciones que leí y el poema me ayudan a entender que

____

____

____

____

____

____

____

____

Acuérdate

Completa estas oraciones para comparar las selecciones.

Luis quería...

El papá de Lucy ayuda a la comunidad...

El ratón puede...

El león y el ratón

El poderoso león
cayó atrapado en la red.
–¡Qué apuro! –dijo el león–,
que siendo tan fortachón
no pueda la red romper.

–Yo te ayudo, rey león
–dijo el pequeño ratón–;
soy experto roedor.
Y con sus dientitos blancos,
al felino liberó.

Pequeñas cosas pueden dar grandes resultados.

ESTUDIOS SOCIALES

Presentar el trabajo

COLABORA

Presenta el libro ilustrado de historia a la clase con tu compañero. Usen la lista de Comprobar la presentación para mejorar la presentación. Comenten las oraciones de abajo antes de escribir sus respuestas.

Uno de los datos interesantes que aprendí es

____

____

____

____

Me gustaría aprender más acerca de ______________

____

____

____

Acuérdate

Decide cómo presentarás el libro ilustrado y qué dirás sobre las fuentes primarias y secundarias que usaste para investigar.

Comprobar la presentación

- ☐ Señala cada imagen mientras lees la leyenda.
- ☐ Habla con claridad y comparte la información más importante.
- ☐ Mira a las personas del público.

ESCRITURA

Texto modelo

Antología de literatura, páginas 232–235

Características de una narrativa personal

Una narrativa personal cuenta una historia sobre la vida del narrador.

- Generalmente está narrada en primera persona.
- Tiene principio, desarrollo y final.
- Usa palabras que indican el orden de los eventos.

Analiza el texto modelo Al estudiar "Caer bien parado" aprenderás sobre cómo escribir una narrativa personal. Vuelve a leer la página 232. Responde estas preguntas.

¿Qué detalle importante da Lucy en el diálogo?

____

____

¿Cómo usa Lucy las palabras descriptivas?

____

____

Planificar: Lluvia de ideas

Generar ideas Escribirás una narrativa personal sobre una ocasión en la que ayudaste a los demás. Haz una lluvia de ideas y haz dibujos que describan lo que hiciste.

Acuérdate

Para ayudarte a comenzar, piensa por qué ayudaste a otros y cómo te sentiste al hacerlo.

Hayati Kayhan/Shutterstock.com

Planificar: Elige un tema

COLABORA

Instrucciones Escribe una narrativa personal sobre algo que hiciste para ayudar a tu escuela, a tu comunidad o al medioambiente. También puedes escribir sobre ayudar a tus amigos o a tu familia. Usa las ideas que anotaste en la página 27. Completa estas oraciones como punto de partida.

Yo ayudé cuando ______________________________

____

Lo hice porque ______________________________

____

Me sentí ______________________________

____

Propósito y público Los autores pueden escribir narrativas personales para compartir experiencias especiales. Piensa en por qué quieres contar cómo ayudaste. Explica el propósito para escribir tu texto en tu cuaderno de escritura.

Acuérdate

Entre tu público puede haber compañeros o integrantes de tu familia que no conozcan los sucesos de tu narrativa personal. Al escribir, piensa cómo presentar tus ideas de una manera clara e interesante.

Planificar: Organización

Secuencia Los escritores suelen organizar las narrativas personales con un *principio,* un *desarrollo* y un *final.* Lee los detalles en la tabla de secuencia. **Encierra en un círculo** las palabras que el autor usa para mostrar cuándo ocurrieron los eventos en diferentes partes de la historia.

Principio

Un día de primavera, decidimos arreglar el parque.

↓

Desarrollo

La semana siguiente, hicimos una colecta para juntar dinero para nuestro proyecto.

↓

Final

En el verano, pudimos arreglar el parque.

Planificar Haz una tabla de secuencia en tu cuaderno de escritura para organizar los detalles de tu narrativa personal.

Hacer un borrador

COLABORA

Enfoque en un evento La autora de “Caer bien parado” narra cómo ayudó a su papá cuando él se lastimó el tobillo. Vuelve a leer el siguiente párrafo de la página 235.

> Durante el fin de semana, mamá y yo nos quedamos en casa con papá. Yo le llevaba compresas de hielo y le preparé el almuerzo y algunos refrigerios. Miramos películas juntos y busqué libros para que papá leyera. Hasta nuestro gatito, Michifuz, colaboró. Se acomodó sobre el regazo de papá para hacerle compañía.

La autora da detalles sobre lo que hace para ayudarlo.

Usa el párrafo como modelo y escribe detalles concretos sobre cómo ayudaste. Recuerda enfocarte en un evento.

____

____

Haz un borrador Observa la tabla de secuencia que hiciste. Úsala como guía para escribir un borrador en tu cuaderno. Recuerda incluir palabras y frases que indican tiempo para ayudar a los lectores a entender la secuencia de los eventos.

Acuérdate

Piensa acerca de lo que hiciste mientras ocurrió el evento que estás describiendo. Agrega detalles que ayuden a los lectores a visualizar, o imaginar, qué ocurrió durante el evento.

Enlace gramatical

Los verbos en tiempo pasado expresan acciones que ya sucedieron. Recuerda siempre comprobar la correcta conjugación de los verbos en pasado.

*Yo **ayudé** a los adultos.*

Revisar

Conclusión La conclusión de una narrativa personal suele expresar cómo se siente el autor acerca de un evento. Piensa acerca de lo que quieres que los lectores recuerden de tu texto.

Vuelve a leer el párrafo final de la selección en la página 235. Conversa con un compañero acerca de cómo se siente la narradora al final de su historia.

Explica cómo muestra Lucy lo que sintió luego de ayudar.

____

____

____

____

____

____

Enlace gramatical

Recuerda que los verbos de acción en el tiempo presente indican algo que está ocurriendo en este momento.

*Ana **mira** las aves.*

Revisar Es el momento de revisar tu borrador. Asegúrate de escribir una conclusión que exprese lo que sentiste al ayudar.

Revisar: Charlas entre compañeros

COLABORA

Revisión del borrador Escucha con atención mientras tu compañero lee su texto en voz alta. Comenta lo que te gustó del borrador. Haz sugerencias que, en tu opinión, ayuden a mejorar su texto.

Sugerencias de compañeros Escribe una de las sugerencias de tu compañero que aplicarás en la revisión de tu narrativa.

A partir de la sugerencia de mi compañero, voy a ______

____

____

Comenten su charla entre compañeros. ¿Fue útil? ¿Qué podrían hacer de otra manera la próxima vez?

____

____

Revisión Consulta la lista de verificación de Comprobar la revisión para decidir qué partes debes modificar, añadir o eliminar. Recuerda usar las pautas de calificación de la página 35 como ayuda al hacer la revisión.

Acuérdate

Completa estas oraciones para comentar el trabajo de tu compañero.

Disfruté esta parte de tu borrador porque...

¿Qué tal si agregaras más detalles sobre...?

Tengo una pregunta sobre...

Comprobar la revisión

- ☐ ¿Escribí en primera persona e incluí detalles?
- ☐ ¿Mi narrativa personal trata sobre un evento?
- ☐ ¿Incluí un principio, un desarrollo y un final?
- ☐ ¿Escribí una conclusión?

Corregir

Al **corregir** tu texto, buscas errores y los enmiendas. Si lees un borrador varias veces, estarás seguro de no pasar por alto ningún error. Consulta la lista de verificación de Comprobar la corrección al corregir tus oraciones.

Comprobar la corrección

- ☐ ¿Comienzan todas las oraciones con mayúscula y tienen los signos de puntuación correctos?
- ☐ ¿Se usan los tiempos de los verbos correctamente?
- ☐ ¿Están todas las palabras escritas correctamente?
- ☐ ¿Comienzan todos los sustantivos propios con mayúscula?

Enlace gramatical

Cuando escribas tu narrativa personal, asegúrate de usar mayúsculas iniciales en los nombres propios. Comprueba aquellos sustantivos que refieren a personas, lugares o cosas específicas.

Escribe dos errores que hayas encontrado al corregir tu texto.

1. ____

____

2. ____

____

Publicar, presentar y evaluar

Publicación Crea una copia limpia y sin errores de tu narrativa personal. Agrega ilustraciones u otros elementos visuales para hacer más interesante tu trabajo publicado.

Presentación Cuando estés listo para presentar tu trabajo, ensaya tu presentación. Consulta la lista de verificación de Comprobar la presentación.

Evaluación Después de publicar y presentar tu narrativa personal, lee las pautas de calificación para evaluarlo.

1 ¿Qué te quedó bien en el texto? ______________________

____

____

2 ¿Qué partes requieren más trabajo? ______________________

____

____

____

Comprobar la presentación

- ☐ Siéntate o párate erguido.
- ☐ Mira al público.
- ☐ Lee con expresión.
- ☐ Habla a un volumen lo suficientemente alto como para que todos te escuchen.
- ☐ Responde las preguntas con detalles de tu narrativa.

Escuchar Al escuchar activamente, prestas atención a lo que oyes. Al escuchar presentaciones de otros estudiantes, toma notas que te ayuden a comprender sus ideas.

Lo que aprendí de la presentación de ....:

____

Preguntas que tengo acerca de la presentación de

....:

____

Saber escuchar

- ☐ Mira a la persona que habla.
- ☐ Identifica detalles importantes sobre el tema.
- ☐ Identifica qué cosas hace bien la persona que habla.
- ☐ Piensa en preguntas que puedas hacer.

4	3	2	1
• Cuenta una narrativa interesante sobre ayudar a los demás. • Incluye una estructura clara de principio, desarrollo y final. • Se enfoca en un evento. • Incluye palabras que indican tiempo correctamente. • Tiene una buena conclusión acerca de los sentimientos del autor.	• Cuenta una narrativa sobre ayudar a otros. • Tiene un principio, un desarrollo y un final. • Se enfoca sobre todo en un evento. • Incluye algunas palabras que indican tiempo. • Tiene algunos detalles sobre los sentimientos del autor y una conclusión.	• Intenta contar una narrativa sobre ayudar. • Trata de incluir un principio, un desarrollo y un final. • Intenta enfocarse en un evento. • Se usa una palabra o frase que indica tiempo. • Tiene un detalle sobre los sentimientos del autor, pero no incluye una conclusión.	• No se enfoca en el tema. • No sigue una secuencia lógica de eventos. • No se enfoca en un evento. • No incluye palabras que indican tiempo. • No contiene información sobre los sentimientos del autor ni incluye una conclusión.

Coméntalo

Pregunta esencial

¿Qué vemos en el cielo?

COLABORA

Comenta lo que ves en la foto. ¿Qué crees que está mirando la niña?

Cuando estás al aire libre, ¿qué ves en el cielo? Comenta con un compañero las cosas que ves en el cielo de día y de noche. Escribe tus ideas en la tabla.

CIENCIAS

Cielo de día	Cielo de noche

LECTURA COMPARTIDA

TOMA NOTAS

Observa el título y las ilustraciones. Escribe una predicción acerca de lo que ocurrirá en el cuento.

____

____

____

A medida que lees, toma nota de:

Palabras interesantes ________

____

Detalles clave ______________

____

____

____

Viaje estelar

Pregunta esencial

¿Qué vemos en el cielo?

Lee sobre dos primos y lo que ven en el cielo nocturno.

—Raúl, ¿tienes **ganas** de conocer a tu primo Ricky? —pregunta su mamá.

—¡Sí! —responde Raúl—. ¡Él es tan divertido! ¡Espero que me muestre la ciudad!

Es la primera vez que Raúl viene a la ciudad. Él y su familia viven en el campo.

Raúl ama la vida en el campo. Pero ahora está emocionado porque conocerá la ciudad.

—¡Bienvenido! —le dice Ricky a Raúl—. Más tarde iremos al centro, ¿quieres?

Raúl sonríe con satisfacción. —¡Excelente! —dice.

FICCIÓN REALISTA

BUSCAR EVIDENCIAS

Leer

Punto de vista

Encierra en un círculo los verbos que indican quién habla en cada momento. **Subraya** la razón por la cual Raúl está emocionado.

Párrafo 2

Volver a leer

Encierra en un cuadrado la actividad que propone hacer Ricky. ¿Cómo reaccciona Raúl al escuchar la propuesta?

____

____

Releer

Técnica del autor

¿Cómo muestra el autor que Raúl está muy entusiasmado?

LECTURA COMPARTIDA

BUSCAR EVIDENCIAS

Leer

Párrafo 1

Secuencia

Subraya las palabras que muestran el orden de los sucesos.

Párrafo 2

Palabras compuestas

Encierra en un círculo cada una de las dos palabras que componen la palabra *rascacielos*. ¿Qué tiene de especial ese rascacielos?

____

____

Releer

Técnica del autor

¿Con qué oración muestra el autor que Ricky no cree que haya algo más sorprendente que las luces de la ciudad?

Primero, todos almuerzan. Después, al atardecer, las dos familias van al centro.

—Mira, Raúl, ese es el rascacielos más alto del país —dice Ricky—. Es tan alto que duele el cuello al mirarlo.

—Y aquellas luces que **iluminan** tan fuerte, ¿qué son? —pregunta Raúl.

—¡Es un avión que se dirige al aeropuerto! —responde Ricky—. Mira también los carteles luminosos. ¿No son magníficos?

—Es grandioso —dice Raúl. Además, agrega **pensativo**—: Las luces de la ciudad son impresionantes. Pero si vienes a mi granja, te mostraré algo más sorprendente todavía.

—¡No es posible! —responde Ricky.

Un mes más tarde, Ricky y su familia van a la granja de Raúl.

—A ver si me sorprendes, Raúl —ríe Ricky.

—Tendrás que esperar, porque lo que quiero mostrarte solo se ve de noche —responde Raúl.

BUSCAR EVIDENCIAS

Leer

Párrafos 1 a 3

Volver a leer

¿Por qué Raúl dice que hay que esperar? **Subraya** la evidencia en el texto.

Fluidez

Con un compañero, practica leer las páginas 40 y 41 con entonación. Recuerda elevar la voz al leer las oraciones exclamativas.

LECTURA COMPARTIDA

BUSCAR EVIDENCIAS

Leer

Párrafo 1

Secuencia

Subraya las palabras que indican el orden de los sucesos. ¿Qué es lo que ocurre primero?

Párrafo 4

Volver a leer

¿Por qué Raúl necesita una linterna? **Encierra en un círculo** las claves en el texto.

Releer

Técnica del autor

¿Por qué son importantes en el cuento los ambientes donde ocurre esta historia?

Después de la cena, Raúl se pone en acción. Antes de salir, prueba si la linterna tiene pilas y funciona.

—Ahora verás algo que no se ve en tu ciudad —dice a Ricky—. Pero primero debes ponerte esta venda.

—¡Cuánto misterio! —exclama Ricky.

Luego de encender la linterna, caminan en dirección al campo. Cada vez está más oscuro. Finalmente se detienen.

—¿Dónde estamos? —pregunta Ricky.

—Ya lo verás. ¿Estás preparado?

—Por supuesto, sorpréndeme.

Entonces, Raúl le quita la venda.

—¡Guauuuu! —exclama Ricky y queda boquiabierto. Sobre él, en la oscuridad, ve brillar la Vía Láctea. La noche está despejada y se ven en el cielo las incontables estrellas que la forman.

—¡Es impresionante! —dice Ricky—. ¡Tenías razón! Este cielo no se ve en la ciudad.

—El cielo es hermoso en el campo. ¿Lo has visto? —dice Raúl orgulloso.

Después, vuelven a la casa y se quedan riendo en las hamacas hasta la medianoche.

—Pronto iré yo a visitarte —dice Raúl—. Quiero ver de nuevo los carteles luminosos. ¡Son como estrellas de colores!

Daniel Cabral

Resume

¿Fue correcta tu predicción? Consulta tus notas para resumir oralmente los sucesos de "Viaje estelar".

BUSCAR EVIDENCIAS

Leer

Párrafos 1 a 3

Volver a leer

Subraya lo que exclama Ricky al ver el cielo. ¿Por qué está Ricky tan sorprendido?

____

____

Párrafo 5

Secuencia

Encierra en un círculo qué hacen los niños al final.

Releer

Técnica del autor

Vuelve a leer el párrafo 3. ¿Cómo muestra el autor que la opinión de Ricky acerca del cielo de la ciudad ha cambiado ?

Vocabulario

A partir de las oraciones, conversa con un compañero acerca de cada palabra. Luego, responde las preguntas.

despejado

El Sol brilla en el cielo **despejado**.

¿Qué puedes ver si el cielo nocturno está despejado?

____

____

encender

Lucía **encendió** las velas del pastel.

¿Por qué es peligroso encender fuego en un bosque?

____

____

Tu lista de palabras Escribe una oración que incluya una de las palabras interesantes que anotaste en la página 38. Consulta un diccionario.

funcionar

La licuadora no **funciona** bien.

Menciona una palabra que signifique lo mismo que *funcionar*.

____

____

ganas

En verano, siempre tengo **ganas** de tomar un helado.

¿Qué tienes ganas de hacer este fin de semana?

____

____

hamaca

Juan se durmió en la **hamaca** de su jardín.

¿Qué puedes hacer en una hamaca?

____

____

____

iluminar

El Sol nos **ilumina** con sus rayos.

¿Qué se usa para iluminar una casa de noche?

____

____

pensativo

El jugador de ajedrez estaba **pensativo**.

¿En qué situación un niño puede estar pensativo?

____

____

pila

Algunos juguetes funcionan a **pilas**.

Nombra una cosa que funcione a pilas.

____

____

Palabras compuestas

Una palabra compuesta está formada por dos palabras más cortas. El significado de esas palabras puede servir para descubrir el significado de la palabra compuesta.

BUSCAR EVIDENCIAS

Veo la palabra rascacielos. *La primera palabra es* rasca, *que significa "frota la piel con las uñas". La segunda palabra es* cielos. *Creo que un* rascacielos *es un edificio "tan alto que toca el cielo".*

—Mira, Raúl, ese es el rascacielos más alto del país —dice Ricky.

Tu turno Usa los significados de las palabras más cortas para hallar el significado de esta palabra compuesta.

bienvenido, página 39 ______________________________

____

Volver a leer

Al leer, haz pausas y hazte preguntas sobre el texto. Si no puedes responderlas, vuelve a leer las partes que no entendiste o tal vez se te pasaron. Esto te ayudará a comprender mejor lo que lees.

Acuérdate

Presta atención a las palabras que describen acciones y a las palabras que dan detalles sensoriales, es decir, las palabras que indican cómo es algo o cómo suena.

BUSCAR EVIDENCIAS

En la página 43 de "Viaje estelar", no estoy muy seguro de entender qué es la Vía Láctea. Volveré a leer esta parte del cuento para comprenderlo.

Página 43

Sobre él, en la oscuridad, ve brillar la Vía Láctea. La noche está despejada y se ven en el cielo las incontables estrellas que la forman.

Cuando vuelvo a leer que la Vía Láctea está formada por incontables estrellas y miro la ilustración, entiendo que es un grupo de muchas estrellas.

COLABORA

Tu turno ¿Por qué Raúl le pone una venda a Ricky? Vuelve a leer la página 42 para responder la pregunta.

____

____

Punto de vista

"Viaje estelar" es un cuento de ficción realista con personajes y sucesos inventados. Una ficción realista puede ser contada por un narrador que no es un personaje del cuento. Esto se llama punto de vista en tercera persona.

BUSCAR EVIDENCIAS

Cuando leo "Viaje estelar", me pregunto quién está contando este cuento. ¿Es un personaje del cuento? ¿O es alguien que no es parte del cuento?

De lectores a escritores

Cuando lees o escribes un texto de ficción, piensa si el autor es o no uno de los personajes. Cuando se usan verbos en tercera persona como *dice* o *vuelven,* es porque el autor no es un personaje y usa el punto de vista en tercera persona.

Página 39

—Raúl, ¿tienes **ganas** de conocer a tu primo Ricky? —pregunta su mamá.

—¡Sí! —responde Raúl—. ¡Él es tan divertido! ¡Espero que me muestre la ciudad!

Es la primera vez que Raúl viene a la ciudad. Él y su familia viven en el campo.

Raúl ama la vida en el campo. Pero ahora está emocionado porque conocerá la ciudad.

—¡Bienvenido! —le dice Ricky a Raúl—. Más tarde iremos al centro, ¿quieres?

Raúl sonríe con satisfacción. —¡Excelente! —dice.

Punto de vista

En un cuento que tiene un punto de vista en tercera persona, el autor incluye verbos como viene *y* viven *y pronombres como* Él.

COLABORA

Tu turno ¿Cómo usa el autor el punto de vista en tercera persona para que comprendas a los personajes del cuento?

____

____

____

Secuencia

La secuencia es el orden en el que ocurren los sucesos en un cuento. Podemos usar las palabras *primero, después, luego* y *al final* para mostrar en qué orden ocurren las cosas.

Acuérdate

Normalmente, los autores incluyen palabras clave, como *primero, después, luego, antes, mientras tanto, al final,* para mostrar el orden de los sucesos principales, o más importantes, del cuento.

BUSCAR EVIDENCIAS

Mientras leo la página 39 de "Viaje estelar", pienso en el orden de los sucesos del cuento.

Primero
Raúl va a visitar a su primo Ricky en la ciudad.

COLABORA

Tu turno Vuelve a leer el cuento. Completa el organizador gráfico para mostrar la secuencia de sucesos más importantes del cuento.

Primero

Raúl va a visitar a su primo Ricky en la ciudad.

↓

Después

↓

Luego

↓

Al final

Responder a la lectura

COLABORA

Comenta la siguiente instrucción. Piensa en el modo en que el autor muestra cómo cambia la opinión de Ricky desde el principio hasta el final del cuento. Consulta tus notas y el organizador gráfico.

¿Cómo muestra el autor que Ricky cambia de opinión al visitar la granja de Raúl y mirar el cielo del campo? Piensa en lo que hacen y dicen los niños.

Acuérdate

Completa estas oraciones para organizar la evidencia del texto.

Al principio del cuento, Raúl...

Luego, Ricky...

El autor muestra...

Enlace gramatical

Conjuga los verbos correctamente para indicar cuándo ocurren los sucesos. Los verbos en pasado se usan para indicar que algo ocurrió en el pasado. Algunas terminaciones que pueden tener son *-é, -aste, -ó, -amos.*

Integrar

BÚSQUEDA E INVESTIGACIÓN

CIENCIAS

Plan de investigación

Un **plan de investigación** explica cómo encontrar fuentes de información y cómo organizarlas. Tener un plan sirve para centrarse en el tema.

Si quisieras mirar el cielo de noche y escribir un reporte de lo que viste, ¿cómo podrías organizar tu plan?

____

El cielo de noche

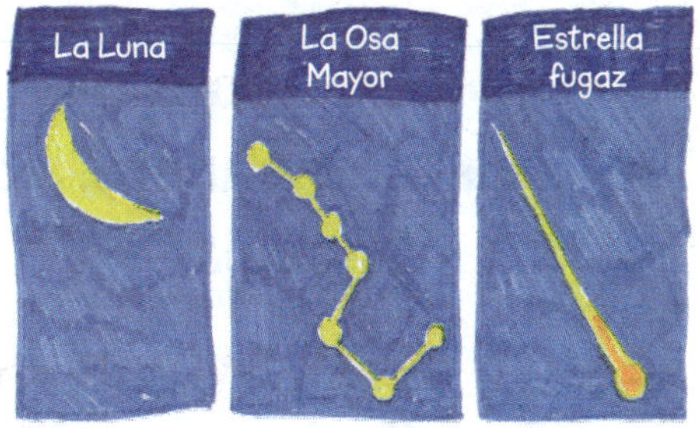

Raúl y Ricky decidieron hacer una investigación sobre el cielo de noche. En esta imagen se muestra cómo registraron y organizaron la información que encontraron. ¿De qué manera piensas que serán útiles para Raúl y Ricky estos dibujos y palabras?

____

____

____

____

____

COLABORA

Informe sobre fases lunares Con un compañero, investiga sobre las fases lunares. Luego, haz un dibujo y escribe un breve informe para explicar una de las fases de la Luna.

¿Qué fuentes de información puedes consultar para aprender sobre las fases lunares?

____

____

Sigue un plan de investigación. Toma notas de tus fuentes. Usa las notas para escribir el informe y hacer el dibujo.

¡Me picó la Luna!

¿Por qué Micaela enseña muchas cosas a Macario?

Antología de literatura, páginas 236–255

COLABORA

Coméntalo Vuelve a leer la página 240. Con un compañero, comenta qué información se da sobre Micaela.

Cita evidencias Escribe claves del texto y de las ilustraciones para explicar por qué Micaela enseña cosas a Macario.

Hacer inferencias

¿Qué puedes comprender de cómo se llevan Micaela y Macario cuando lees que ella le enseña cómo funciona todo?

Claves del texto

↓

Claves de las ilustraciones

↓

Conclusión

Escribe Micaela enseña muchas cosas a Macario porque

____

¿Cómo sabes que Micaela es muy importante para Macario?

COLABORA

Coméntalo Vuelve a leer la página 247. Comenta con un compañero cómo reacciona Macario cuando Micaela le explica cómo se comportan los seres vivos.

Cita evidencias Escribe detalles del texto que indiquen que Micaela es muy importante para Macario.

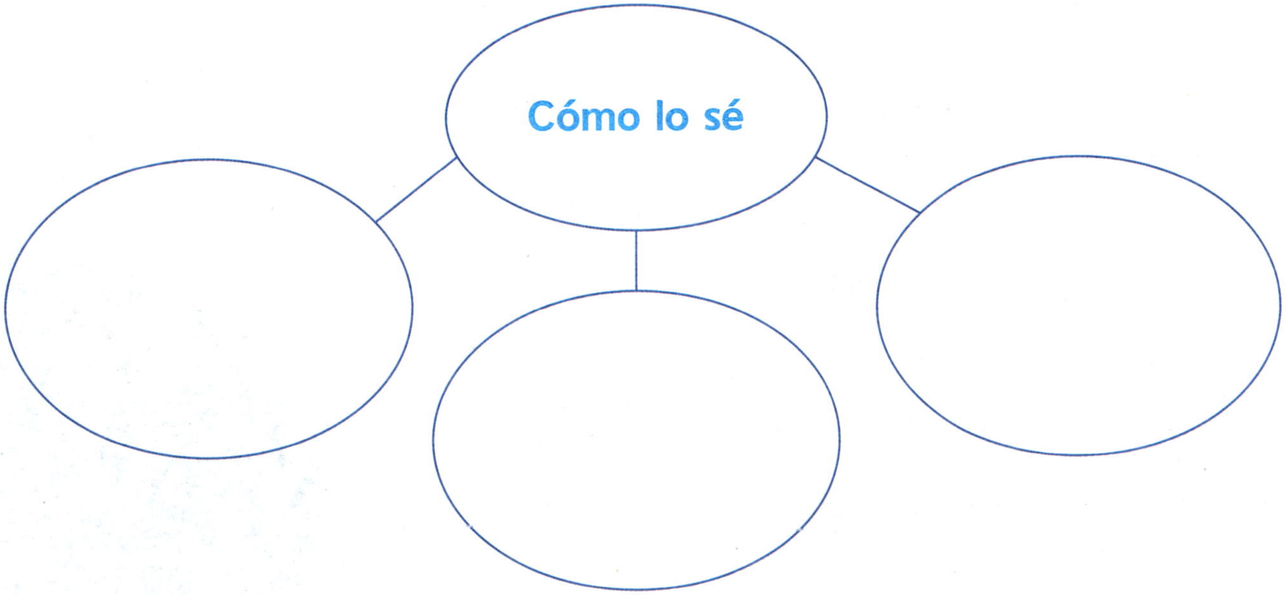

Escribe Sé que Micaela es importante para Macario

porque ____

____

Acuérdate

A medida que leas, completa estas oraciones para hablar de los personajes.

Cuando Micaela...

Macario...

Esto me permite entender que...

Combinar información

Piensa en detalles que ya sepas sobre Macario y Micaela para comprender cómo es su relación de primos.

Releer

TEXTO PRINCIPAL

¿Por qué Macario cree que la Luna puede picar?

COLABORA

Coméntalo Vuelve a leer las páginas 250 a 253. Comenta con un compañero qué dijo el papá de Macario y qué dijo Micaela.

Cita evidencias Escribe detalles del texto que muestren por qué Macario cree que la Luna puede picar.

Lo que dijo el papá

Lo que dijo Micaela

Lo que piensa Macario

Escribe Macario cree que la Luna puede picar porque

____

____

Acuérdate

Presta atención a los diálogos. Muchas veces, lo que dice un personaje hace que otro personaje cambie su manera de ver las cosas.

Responder a la lectura

COLABORA

Comenta la siguiente instrucción. Piensa en lo que la autora cuenta sobre Macario y Micaela.

¿Cómo muestra la autora lo importante que es la relación entre Micaela y Macario?

____

____

____

____

____

____

____

____

Acuérdate

Completa estas oraciones para organizar la evidencia del texto.

La autora dice que Macario...

La autora muestra que Micaela...

Esto muestra que...

Mis lecturas

Elige un libro. Escribe en tu cuaderno de escritura el título, el nombre del autor y el género del libro. A medida que leas, haz conexiones con las ideas de otros textos que hayas leído o con tus propias experiencias. Escribe tus ideas en tu cuaderno de escritura.

Releer | LECTURA COMPLEMENTARIA

Del día a la noche

Suena el despertador: *¡Pip! ¡Pip! ¡Pip!* Lo apagas, te desperezas y te levantas. Miras por la ventana y ves el cielo de día.

El cielo de día

Hoy el cielo no está despejado. Hay algunas nubes blancas, pero a ratos brilla el Sol. El Sol es lo que más brilla en el cielo. Parece pequeño, pero es porque está lejos de la Tierra.

A veces se ven nubes en el cielo durante el día.

Antología de literatura, páginas 256–259

Vuelve a leer el párrafo 1. ¿Cómo capta tu atención el autor? **Encierra en un cuadrado** la evidencia en el texto. ¿Por qué comienza el texto de esta manera?

____

____

____

Vuelve a leer el párrafo 2. **Subraya** una oración que indique cómo es el cielo de día.

COLABORA

Encierra en un círculo el título de la selección. Comenta con un compañero si es un buen título. Luego escriban juntos un nuevo título para la selección.

El cielo de noche

Al final del día, miras por la ventana antes de irte a la cama. El cielo está despejado y oscuro: es de noche. También se ve parte de la Luna. Sin la luz brillante del Sol, puedes ver muchas estrellas.

Las estrellas parecen puntos de luz muy pequeños, pero, en realidad, son enormes.

Vuelve a leer el párrafo. **Subraya** detalles que muestren las dos diferencias principales entre el cielo de día y el cielo de noche. Escríbelos abajo.

____

____

____

COLABORA

Comenta con un compañero lo que aprendiste a partir de la fotografía sobre el cielo de noche.

Releer

LECTURA COMPLEMENTARIA

¿Por qué el autor escribió "Del día a la noche"?

COLABORA

Coméntalo Vuelve a leer las páginas 256 a 259. Comenta con un compañero lo que aprendiste al leer "Del día a la noche".

Cita evidencias Escribe datos que hayas aprendido al leer el texto. Luego, escribe por qué el autor escribió "Del día a la noche".

Dato	Dato	Dato

El autor escribió este texto para

Escribe El autor escribió "Del día a la noche" para

____

____

Acuérdate

"Del día a la noche" es un texto expositivo. Los autores escriben textos expositivos para dar información a los lectores. Para descubrir el tema acerca del que el autor quiere informar, pregúntate: "¿Qué quiere el autor que yo aprenda?".

Títulos

Los textos expositivos generalmente tienen títulos que dividen el texto en partes. Los títulos en general están escritos con letra más grande y en negrita. Los autores incluyen títulos para indicar de qué tratan las diferentes secciones del texto.

BUSCAR EVIDENCIAS

Vuelve a mirar las páginas de "Del día a la noche". Escribe abajo los títulos de cada sección.

Tu turno Vuelve a leer los títulos de "Del día a la noche" una vez más. ¿Por qué crees que algunos son de color naranja y otros son de color azul?

Acuérdate

Los títulos te indican qué encontrarás en cada sección. A veces te dan claves sobre las ideas más importantes de cada sección. Cuando vuelves a leer un texto para buscar información, mirar los títulos y subtítulos puede ayudarte a encontrarla rápidamente.

Integrar | HACER CONEXIONES

CIENCIAS

¿De qué manera los textos que leíste y la pintura de abajo te ayudan a entender cómo cambia el cielo al anochecer?

COLABORA

Coméntalo Comenta lo que ves en el cielo en la pintura. Conversa sobre lo que las personas ven en el cielo cuando anochece.

Cita evidencias **Encierra en un círculo** la clave en la leyenda de la pintura que indica qué momento del día muestra la pintura.

Escribe Los textos y la pintura muestran

____

____

____

____

____

____

____

Acuérdate

Completa estas oraciones para describir el cielo nocturno:

Cuando anochece puedo ver...

Sin la luz brillante del Sol, puedo ver...

Esta pintura de un cielo al anochecer es de William Turner. Muestra la luz del día que va desapareciendo en el horizonte y un cometa que cruza el cielo.

Digital Image: Yale Center for British Art

Presentar el trabajo

COLABORA

Planea con tu compañero la presentación del dibujo e informe sobre las fases lunares. Comenten las oraciones incompletas de abajo y escriban sus respuestas.

Luna en cuarto creciente

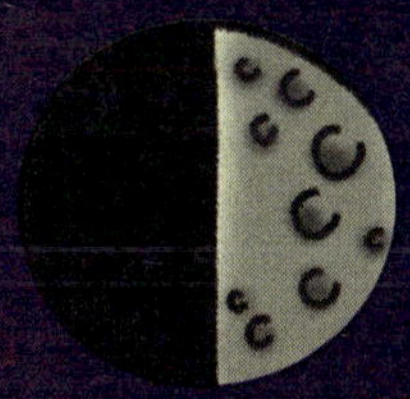

Fase lunar:
Cuarto creciente

Ocurre una semana después de luna nueva.

Aparece al mediodía, desaparece a medianoche.

Nuestra fase lunar favorita es ______________________________

____

porque ______________________________________

____

____

____

Acuérdate

Decidan cómo presentará cada uno la fase lunar. Asegúrense de saber el nombre correcto de la fase lunar que están presentando. Pidan ayuda al maestro si es necesario.

Comprobar la presentación

- ☐ Practica tu parte solo y practica con tu compañero.
- ☐ Señala los dibujos mientras explicas la fase lunar.
- ☐ Habla con claridad y destaca la información más importante.
- ☐ Mira a las personas del público.

Coméntalo

Pregunta esencial

¿Cómo te expresas?

COLABORA

Las personas se expresan de muchas formas diferentes para compartir sus sentimientos y pensamientos. Conversa con un compañero sobre cómo se expresan los niños de la foto. ¿Cómo te gusta expresarte? Escribe tus ideas en la red.

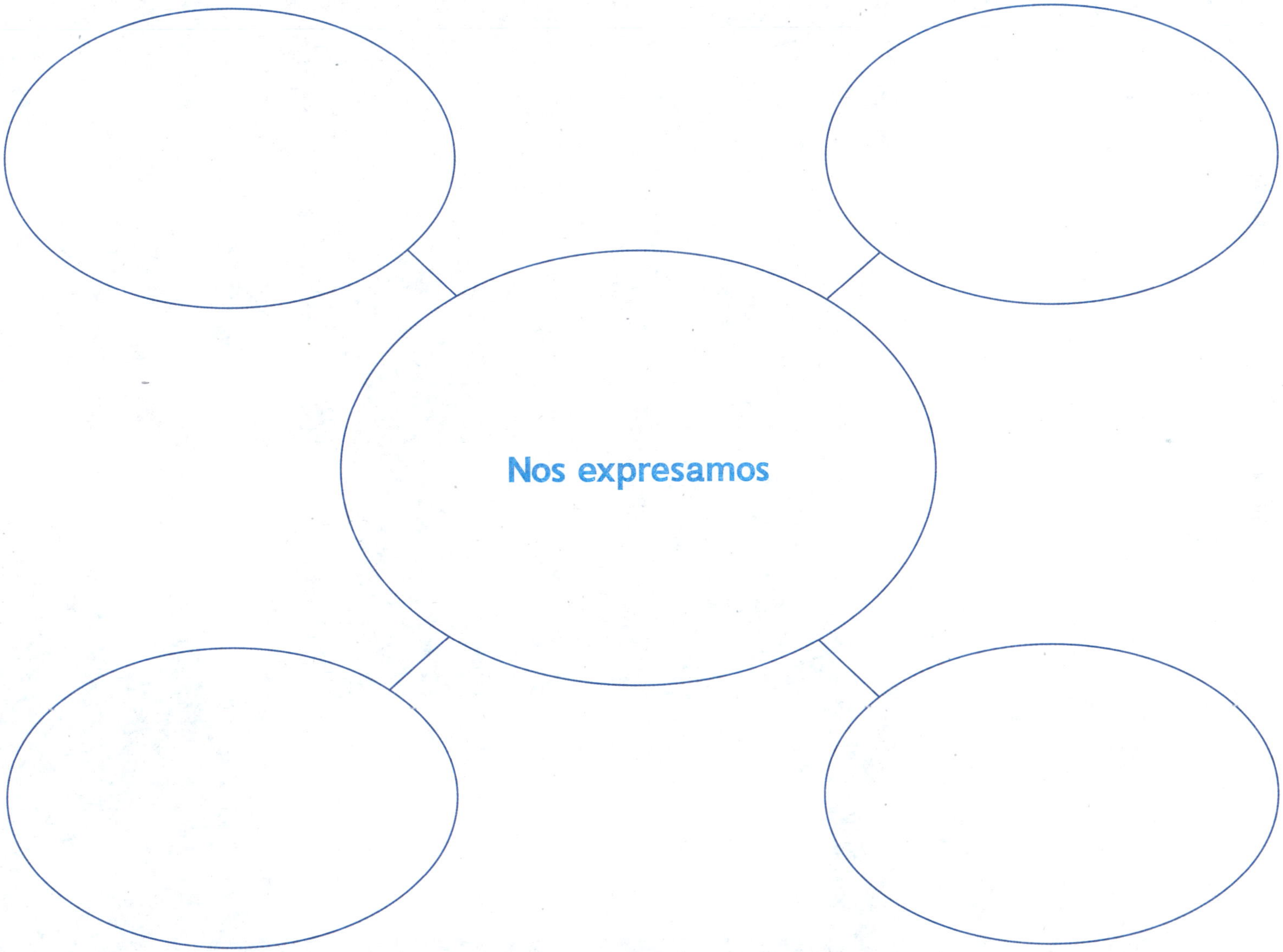

TOMA NOTAS

Saber para qué lees un texto puede ayudarte a prestar atención a los detalles clave. Escribe un propósito para la lectura de este texto.

____

____

____

A medida que leas, toma nota de:

Palabras interesantes ______

____

____

Detalles clave ______________

____

____

Pregunta esencial

¿Cómo te expresas?

Lee sobre cómo se expresan los niños del coro de una escuela.

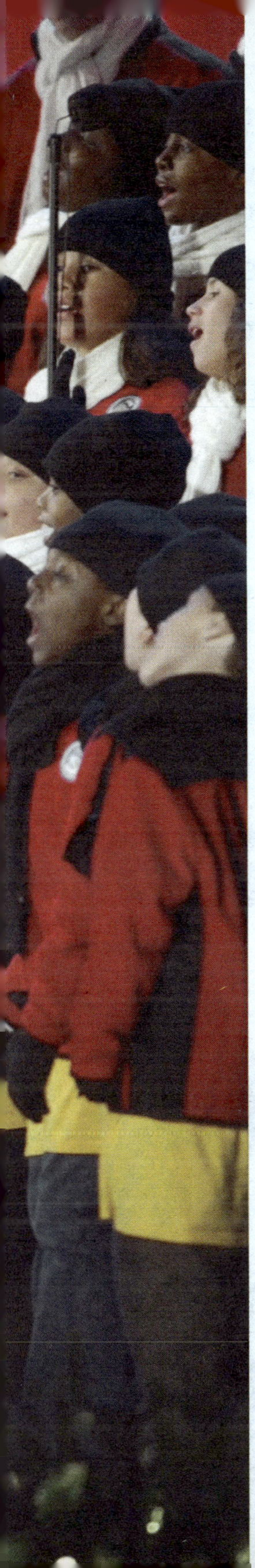

¡Ellos tienen ritmo!

¡Algunos estudiantes de Nueva York cantan con toda el alma! Es porque están en el coro de la Escuela Pública 22.

Estos niños de Staten Island dieron un **concierto** extraordinario en la Casa Blanca. Cantaron en un show de los Premios Hollywood.

El público los aclamó y los **ovacionó**. ¿Qué sienten sobre el escenario?

—Me pone muy nerviosa cantar ante tanta gente —dice Brianna Crispino—. Pero cuando veo la alegría en sus caras, me entusiasmo.

Brianna Crispino, miembro del coro de la Escuela Pública 22.

TEXTO EXPOSITIVO

BUSCAR EVIDENCIAS

Leer

Párrafos 1 y 2

Idea principal y detalles clave

Encierra en un círculo de dónde es el coro. **Encierra en un cuadrado** los lugares donde viajaron para cantar.

Párrafo 4

Hacer y responder preguntas

Escribe una pregunta sobre los sentimientos de Brianna.

____

____

Subraya las claves que te ayudan a responderla.

Releer

Técnica del autor

¿Cómo capta la atención el autor en el primer párrafo?

LECTURA COMPARTIDA

BUSCAR EVIDENCIAS

Leer

Párrafo 1

Idea principal y detalles clave

Subraya las definiciones de los dos grupos de cantantes. ¿Por qué todos los cantantes deben mantener el ritmo?

____

____

Párrafo 2 y gráfica

Gráficas de barras

En la gráfica de barras, **encierra en un círculo** el grupo de voces con menos cantantes.

Releer

Técnica del autor

¿Cómo compara el autor el coro de la Escuela Pública 22 con los coros de adultos?

TIME FOR KIDS

Suena bien

El coro de la Escuela Pública 22 está dividido en dos grupos. Los sopranos cantan notas altas. Los contraltos cantan **sonidos** más bajos. Los **instrumentos** marcan el compás. Es importante mantener el **ritmo** para que, juntos, no suenen desafinados.

Los coros de adultos tienen cuatro grupos de voces. Esta es la cantidad de cantantes para cada tipo de voz en un coro de adultos de Pennsylvania.

Voces en un coro

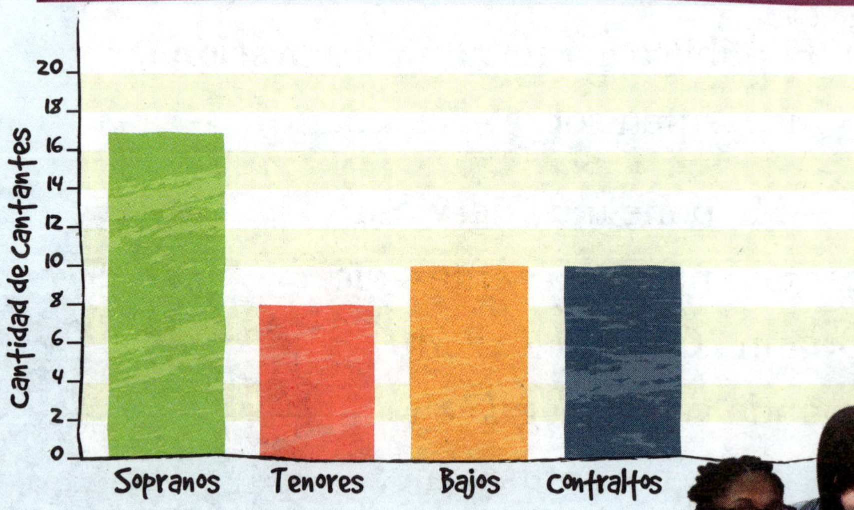

Gregg Breinberg, profesor del coro de la Escuela Pública 22, acompaña al coro con el piano.

Bebeto Matthews/AP Images

La expresión musical

Ser parte del coro no es tarea fácil. Nadie estaría en desacuerdo con esto. Practican tres horas cada semana. Gregg Breinberg, su profesor, anima a los cantantes a hacer movimientos **corporales**. Los cantantes mueven las manos para mostrar lo que las canciones les hacen sentir.

–Cada uno hace sus propios movimientos, no se pueden predecir porque nadie siente la **música** de la misma manera –explica.

Los miembros del coro **entienden** que cantar en un coro es un trabajo importante. Por eso, todos están predispuestos a esforzarse.

–¡Queremos hacerlo lo mejor posible! –dice un cantante.

Resume

Revisa tus notas para resumir oralmente los detalles clave en "¡Ellos tienen ritmo!".

TEXTO EXPOSITIVO

BUSCAR EVIDENCIAS

Leer

Párrafo 1

Prefijos

El prefijo *des-* significa "falta de". **Encierra en un círculo** la palabra con el prefijo *des-* y escribe su significado.

____

____

Párrafo 2

Hacer y responder preguntas

¿Por qué cada cantante hace sus propios movimientos? **Subraya** la evidencia en el texto.

Releer

Técnica del autor

¿De qué manera el autor usa la cita de un estudiante para confirmar las ideas del texto?

Vocabulario

A partir de las oraciones, conversa con un compañero sobre cada palabra. Luego, responde las preguntas.

concierto

Jack y Luis tocaron anoche en el **concierto**.

¿En qué lugar viste un concierto?

____

____

corporal

La temperatura **corporal** normal de una persona es 98.6°F.

¿Cuál es tu actividad corporal preferida?

____

____

Tu lista de palabras Elige una palabra interesante que anotaste mientras leías. Busca el significado en un diccionario. Escribe una oración con la palabra en tu cuaderno.

entender

Ken leía con atención para poder **entender** el problema.

¿Qué haces cuando no entiendes una palabra?

____

____

instrumento

El violín es un **instrumento** musical.

¿Cuál es tu instrumento musical favorito?

____

____

música

Susan escuchaba su **música** favorita.

¿Qué clase de música te gusta?

____

____

ovacionar

Todos **ovacionamos** a nuestro equipo cuando ganó el partido.

¿Cuándo ovacionarías a alguien?

____

____

ritmo

El director marcaba el **ritmo** de la canción.

¿Cuál es una manera de marcar el ritmo?

____

____

sonido

El triángulo y el tambor hacen **sonidos** diferentes.

¿Qué sonido hace un reloj de pared?

____

____

Prefijos

Un prefijo es una parte que se agrega al principio de una palabra. Puedes separar la raíz de la palabra del prefijo, como *re-* o *pre-*, para averiguar su significado.

BUSCAR EVIDENCIAS

No entiendo qué significa predispuestos. *Separo la raíz y el prefijo* pre-, *que significa "con anterioridad"*. Predispuestos *significa* dispuestos con anterioridad.

Por eso, todos están predispuestos a esforzarse.

Tu turno Fíjate en el prefijo *pre-* para entender la palabra de abajo. Escribe su definición y, luego, una oración con la palabra en tu cuaderno de escritura.

predecir, página 67 ______________________________

____

Hacer y responder preguntas

Hacer preguntas sobre el texto te ayuda a comprenderlo mejor. Puedes hacer preguntas antes, durante y después de leer.

Acuérdate

Después de leer, piensa en las preguntas que tienes acerca del texto. Puedes volver a leer para responder tus preguntas y comprender la información que no te quedó clara.

BUSCAR EVIDENCIAS

Cuando leo la página 67 de "¡Ellos tienen ritmo!", me pregunto: "¿Por qué ser parte del coro no es tarea fácil?". Voy a volver a leer para hallar la respuesta.

Página 67

Ser parte del coro no es tarea fácil. Nadie estaría en desacuerdo con esto. Practican tres horas cada semana.

Leo que el coro practica "tres horas cada semana". La evidencia en el texto responde mi pregunta.

COLABORA

Tu turno Piensa en una pregunta que tengas sobre el texto. Vuelve a leer las partes del texto que te sirvan para responder la pregunta. Escribe tu pregunta y tu respuesta.

____

____

____

Gráficas de barras

"¡Ellos tienen ritmo!" es un texto expositivo. Da datos e información sobre un tema y tiene elementos del texto como gráficas, fotografías y títulos.

> **Acuérdate**
>
> Mira los números en la parte izquierda de la gráfica para averiguar el número exacto de cantantes en cada grupo.

BUSCAR EVIDENCIAS

Me doy cuenta que "¡Ellos tienen ritmo!" es un texto expositivo. Da información sobre personas reales y tiene una gráfica con datos sobre un coro.

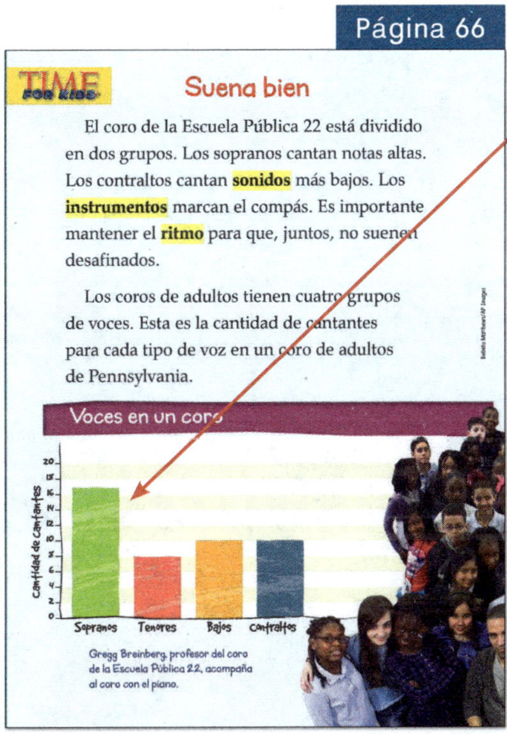
Página 66

TIME FOR KIDS

Suena bien

El coro de la Escuela Pública 22 está dividido en dos grupos. Los sopranos cantan notas altas. Los contraltos cantan **sonidos** más bajos. Los **instrumentos** marcan el compás. Es importante mantener el **ritmo** para que, juntos, no suenen desafinados.

Los coros de adultos tienen cuatro grupos de voces. Esta es la cantidad de cantantes para cada tipo de voz en un coro de adultos de Pennsylvania.

Voces en un coro

Gregg Breinberg, profesor del coro de la Escuela Pública 22, acompaña al coro con el piano.

Gráficas de barras
Una gráfica de barras muestra y compara información con barras.

COLABORA

Tu turno ¿Qué aprendiste de la información en la gráfica?

____

____

____

____

____

Idea principal y detalles clave

La idea principal es la parte más importante que presenta un autor sobre un tema. Los detalles clave apoyan la idea principal y dan información sobre ella.

Acuérdate

Piensa en lo que los detalles clave tienen en común o sobre qué tratan. Esto te servirá para identificar la idea principal de la selección.

BUSCAR EVIDENCIAS

En la página 65 de "¡Ellos tienen ritmo!", veo que un detalle clave sobre este coro es que actuaron en lugares importantes, como la Casa Blanca.

Detalle clave

Actuaron en la Casa Blanca.

COLABORA

Tu turno Vuelve a leer la selección. Escribe los detalles clave y la idea principal en el organizador gráfico.

Detalle clave

Actuaron en
la Casa Blanca.

Detalle clave

Detalle clave

Idea principal

Responder a la lectura

COLABORA

Comenta la pregunta de abajo. Piensa en el modo en que el autor presenta las ideas en el texto. Consulta tus notas y el organizador gráfico.

¿Cómo te ayuda el autor a entender qué sienten los estudiantes al ser parte del coro?

Acuérdate

Completa estas oraciones para organizar la evidencia del texto.

Los estudiantes dieron un concierto en...

Un estudiante dice...

El autor explica que los estudiantes practican...

Enlace gramatical

Recuerda usar la puntuación correcta en cada oración. Las oraciones declarativas y las órdenes terminan con un punto. Las oraciones exclamativas llevan signos de exclamación al principio y al final.

Integrar | BÚSQUEDA E INVESTIGACIÓN

ESTUDIOS SOCIALES

Información relevante

La **información relevante** son datos y detalles que tratan sobre un tema. Para identificarla, asegúrate de que los datos y detalles responden tus preguntas de investigación.

Lee el párrafo. Encierra en un círculo la información relevante para responder la pregunta: *¿Por qué esta canción es patriótica?*

> Todos conocen la canción "Yankee Doodle". Los soldados coloniales la cantaban con orgullo durante la Guerra de Independencia de Estados Unidos. En realidad la escribió un soldado del ejército británico. Los niños de Estados Unidos todavía la cantan.

Acuérdate

Recuerda usar tus propias palabras al tomar notas sobre la información relevante. No anotes información que ya conoces. Anota otros datos interesantes sobre el tema si crees que la información puede ser útil.

COLABORA

Collage de una canción patriótica Con un compañero, elijan una canción patriótica de Estados Unidos como "America the Beautiful". Toma notas sobre información relevante que responda tus preguntas sobre la canción. Haz o busca dibujos para tu collage. Rotúlalo y escribe oraciones a partir de tus notas.

El nombre de la canción patriótica que investigaré es

____

SerrNovik/iStock/Getty Images

Releer | **TEXTO PRINCIPAL**

Diferentes maneras de disfrutar de la música

¿Cómo te ayuda el autor a sentir la emoción de un concierto?

COLABORA

Coméntalo Vuelve a leer la página 261. Comenta los detalles que describen lo que sucede en un concierto.

Cita evidencias ¿Qué palabras describen el concierto? Escribe la evidencia del texto en la red.

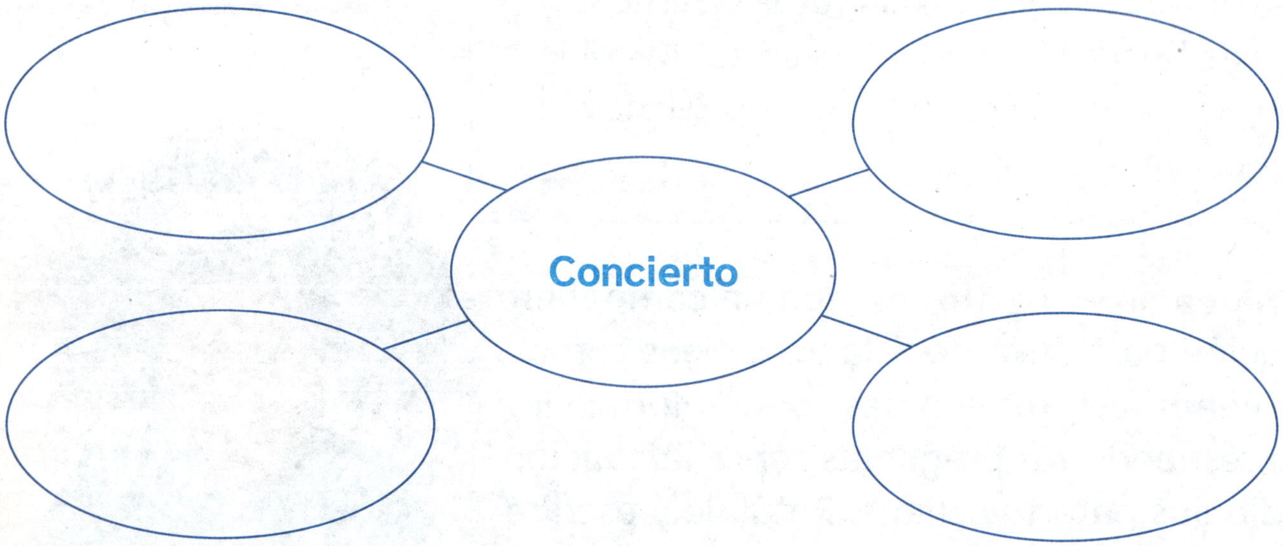

Escribe El autor me ayuda a sentir la emoción del concierto con ______________________________

Antología de literatura, páginas 260–263

Hacer inferencias

Recuerda que una inferencia es algo que puedes suponer a partir de evidencias del texto. ¿Por qué el autor quiere que sientas la emoción de un concierto?

¿Por qué el autor describe el trabajo del intérprete y el uso de la tecnología?

Coméntalo Vuelve a leer las páginas 262 y 263. Comenta los detalles acerca de los intérpretes y la silla especial.

Cita evidencias ¿Qué detalles te sirven para entender cómo se puede disfrutar de la música de otra manera? Escribe evidencia del texto en la tabla.

Intérprete	Silla especial

Escribe El autor quiere que los lectores entiendan ______

______

______

Acuérdate

Recuerda leer los pies de foto. A veces, son importantes para identificar y entender detalles importantes del texto.

Releer | TEXTO PRINCIPAL

Responder a la lectura

COLABORA

Comenta la instrucción. Al responder la pregunta, piensa en la idea principal y los detalles clave de la selección.

¿Por qué "Diferentes maneras de disfrutar de la música" es un buen título para esta selección?

Acuérdate

Completa estas oraciones para organizar tu respuesta.

Este es un buen título porque...

El autor usa...

Otra razón es...

Mis lecturas

Elige un libro. Escribe en tu cuaderno de escritura el título, el nombre del autor y el género del libro. A medida que leas, haz conexiones con las ideas de otros textos que hayas leído o con tus propias experiencias. Escribe tus ideas en tu cuaderno de escritura.

Releer | LECTURA COMPLEMENTARIA

Un museo musical

Los humanos pueden oír casi todos los sonidos, pero algunos animales escuchan sonidos que tú no puedes oír. Los perros y los murciélagos, por ejemplo, pueden escuchar sonidos muy agudos que no llegan a los oídos de los humanos. ¿Qué sonidos te gusta escuchar?

El sonido es la energía que producen los objetos al moverse. Esos movimientos se llaman vibraciones y son como ondas.

Antología de literatura, páginas 264–265

Vuelve a leer el texto. **Subraya** qué pueden oír los humanos. **Encierra en un cuadrado** la definición de *sonido*.

Vuelve a mirar el diagrama. ¿Cómo percibimos las vibraciones?

____

____

COLABORA

Comenta cómo se muestra en el diagrama la manera en que una persona oye un tambor.

Releer

LECTURA COMPLEMENTARIA

¿Cómo te ayuda el autor a entender cómo llega el sonido hasta los oídos?

COLABORA

Coméntalo Vuelve a leer la página 265 de la **Antología de literatura**. Comenta los detalles que explican qué es el sonido.

Cita evidencias Completa la tabla con detalles que expliquen cómo oímos los sonidos.

"Esos movimientos se llaman vibraciones"
↓
↓
↓

Escribe El autor explica ______________________________

____

Acuérdate

En "Un museo musical", el autor explica cómo se generan los sonidos y cómo llegan a los oídos. Presta atención a la conexión entre los detalles. Esto te servirá para entender el texto más fácilmente.

Diagramas

Un diagrama es un elemento gráfico que se usa en los textos expositivos. Los autores usan diagramas para mostrar las partes de algo o explicar cómo funciona.

BUSCAR EVIDENCIAS

Mira de nuevo el diagrama de la página 265. ¿Cuáles son los tres pasos que se muestran en el diagrama?

1. ________________________________

2. ________________________________

3. ________________________________

COLABORA

Tu turno Vuelve a leer el segundo párrafo de la página 265. Comenta la información del texto que está ilustrada en el diagrama. ¿Qué detalle del texto no incluye el autor en el diagrama?

____

____

____

De lectores a escritores

Usa oraciones o frases simples para rotular los pasos en un diagrama. Recuerda incluir solo la información más importante. Puedes numerar cada paso para mostrar la secuencia, es decir, el orden correcto de la información.

Integrar

HACER CONEXIONES

¿Qué aprendiste de las selecciones y el cuadro japonés sobre expresarse a través de la música?

COLABORA

Coméntalo Observa el cuadro y lee el pie de foto. Conversa con un compañero sobre lo que están haciendo las personas en el cuadro.

Cita evidencias **Subraya** la evidencia en el pie de foto sobre lo que muestra el artista. **Encierra en un círculo** los instrumentos que algunas de las mujeres están tocando.

Escribe A partir de las selecciones y el cuadro japonés, aprendí que expresarse a través de la música significa...

Acuérdate

Hacer una conexión personal es relacionar detalles que leíste, escuchaste o viste con tu propia vida. Piensa sobre cómo puedes describir una conexión personal que tienes con la música.

Este cuadro japonés, llamado *Ukiyo-e*, muestra una reunión de mujeres tocando varios instrumentos musicales.

Entonación

Lee en voz alta a un ritmo, o velocidad, que tu público pueda seguir. Cambia el tono de voz para dar claves al público. Lee las palabras o frases importantes lentamente para enfatizarlas. Haz una pausa en las comas y puntos, y sube la voz al final de una pregunta.

Página 65

¡Algunos estudiantes de Nueva York cantan con toda el alma! Es porque están en el coro de la Escuela Pública 22.

Veo signos de exclamación. Puedo leer con un tono más alto para mostrar entusiasmo. Puedo enfatizar las palabras importantes como "coro" y "Escuela".

Acuérdate

Para practicar cómo leer con precisión, pronuncia cada palabra correctamente y no te dejes ninguna palabra sin leer. Recuerda las reglas de acentuación al leer palabras que no conoces.

COLABORA

Tu turno Vuelve a leer la página 65. Túrnate con un compañero para leer párrafos de "¡Ellos tienen ritmo!". Presta atención a la entonación y lee a un ritmo adecuado para que las ideas del autor se entiendan bien. Luego, piensa en cómo lo hiciste. Completa estas oraciones.

Pude ______________________________

La próxima vez, ______________________________

____

Carrie Devorah/WENN.com/Newscom

Texto modelo

Antología de literatura, páginas 260–263

Características del ensayo expositivo

Los autores escriben ensayos expositivos para brindar información sobre un tema.

- Los ensayos expositivos brindan datos e información.
- Pueden tener elementos como fotos y pies de foto.
- Tienen un principio interesante y una conclusión.

gramatiNOTAS

El autor usa frases, como *una forma* y *otra opción* para ayudarte a entender que hay diferentes maneras de disfrutar la música.

Analiza el texto modelo Estudiar "Diferentes maneras de disfrutar de la música" te servirá para aprender a escribir un ensayo expositivo. Vuelve a leer la página 263. Responde las siguientes preguntas.

¿Cómo usa el lenguaje el autor para explicar cómo funciona la silla especial?

____

____

¿Cuál es la conclusión del autor?

____

____

Planificar: Lluvia de ideas

Genera ideas Escribirás un ensayo expositivo sobre la música o sobre un instrumento musical. Para comenzar, piensa en estilos de música y palabras relacionadas con la música. Haz dibujos de instrumentos. Elegirás el tema a partir de tus ideas.

Acuérdate

Para empezar, piensa en tu instrumento favorito o en un estilo de música sobre el que quieras saber más. Puedes buscar imágenes o palabras relacionadas con la música en libros, revistas o sitios de internet.

Stockbyte/SuperStock

Planificar: Elige un tema

COLABORA

Instrucciones Escribe un ensayo expositivo sobre un estilo de música o un instrumento. Mira las ideas que escribiste en la página 85 para elegir tu tema. Completa estas oraciones para comenzar.

Mi tema es ______________________________

____

Este tema me interesa porque ______________________________

____

____

Acuérdate

Entre tus lectores pueden estar tus compañeros u otras personas que no saben sobre el tema. Piensa en cómo hacer que la información sea interesante y fácil de entender.

Propósito y público Los autores escriben ensayos expositivos para que los lectores aprendan sobre un tema interesante. Pueden dar información para responder preguntas. Piensa por qué elegiste el tema. Luego, escribe tu propósito para escribir en tu cuaderno de escritura.

jianying yin/Getty Images

Planificar: Investigar

Elegir y evaluar fuentes Las fuentes confiables contienen hechos que están comprobados como ciertos. Para evaluar las fuentes de información que usas, asegúrate de que:

- el autor sea un experto en el tema.
- la información sea precisa y no demasiado difícil.

COLABORA

Marca si estos tipos de fuentes son confiables o no.

Fuentes	Confiable	No confiable
libros de texto	✓	
blogs y redes sociales		
enciclopedias		
sitios de internet educativos		

Planificar En tu cuaderno de escritura, anota dos fuentes que puedes usar para investigar sobre tu tema.

Acuérdate

Recuerda anotar información sobre las fuentes que incluyas en tu ensayo para poder citarlas. Escribe el autor, el título, el sitio de internet o la editorial, la fecha de publicación y el número de página.

Hacer un borrador

Párrafos Un párrafo es un grupo de oraciones que tratan sobre una idea. Antes de la primera palabra hay un espacio o sangría. Vuelve a leer la página 262 de "Diferentes maneras de disfrutar de la música".

¿Qué idea expresan los detalles del párrafo?

____

____

Ahora, usa el párrafo como modelo para escribir uno de tu ensayo. Asegúrate de que los detalles expresen una idea.

____

____

Haz un borrador Usa la información que seleccionaste de las fuentes para escribir un borrador en tu cuaderno de escritura.

Recursos digitales

Para aprender más acerca de cómo hacer un esquema, mira "De esquema a borrador". Entra en **my.mheducation.com**.

Acuérdate

Para hacer un esquema, puedes escribir una oración que sintetice la idea de cada párrafo de tu ensayo. Debajo, anota los detalles de tus notas sobre esa idea.

Revisar

Principio interesante Un principio interesante llamará la atención del lector para que quiera seguir leyendo. También debe expresar el tema principal del ensayo expositivo.

COLABORA

Vuelve a leer el primer párrafo de un texto escrito por un estudiante. Comenta con un compañero acerca de cómo este párrafo llama tu atención. Escribe tus ideas debajo.

> ¿Hay algo mejor que tocar la batería en medio del día de clase? En mi opinión, no. La clase de música es mi momento favorito del día. Aprendemos sobre instrumentos y tocamos música.

Revisar Es momento de revisar tu borrador. Piensa en cómo puedes incluir un principio interesante para tu ensayo. Asegúrate de que cada párrafo contenga datos que hablen sobre una idea.

Enlace gramatical

Mientras revisas, asegúrate de escribir correctamente los verbos. Por ejemplo, las formas pretéritas de los verbos que terminan en -ar, como *cantar*, son: Yo *canté*/Tú *cantaste*/Él o Ella *cantó*/Nosotros *cantamos*/Ustedes *cantaron*/Ellos o Ellas *cantaron*.

Revisar: Charlas entre compañeros

Revisión del borrador Escucha con atención mientras tu compañero lee su texto en voz alta. Comenta lo que te gustó del borrador. Haz sugerencias que ayuden a mejorar su texto.

Sugerencias de compañeros Escribe una de las sugerencias de tu compañero que aplicarás en la revisión de tu texto.

A partir de la sugerencia de mi compañero, voy a ______

____

Después de hacer sugerencias, piensa en la charla entre compañeros. ¿Fue útil? ¿Qué podrían hacer de otra manera la próxima vez?

____

____

Revisión Consulta la lista de verificación de Comprobar la revisión para pensar qué partes debes modificar, añadir o eliminar. Recuerda consultar las pautas de calificación de la página 93 como ayuda.

Acuérdate

Completa estas oraciones para comentar el trabajo de tu compañero.

¿Dónde hallaste la información sobre... ?

¿Puedes explicar cómo... ?

Creo que sería mejor decir...

Comprobar la revisión

- ☐ ¿Habla mi ensayo del tema?
- ☐ ¿Expresa cada párrafo una idea?
- ☐ ¿Tiene un principio interesante?
- ☐ ¿Tiene una conclusión?
- ☐ ¿Están las fuentes citadas claramente?

Corregir

Al **corregir** tu texto, buscas errores y los enmiendas. Si lees un borrador varias veces, estarás seguro de no pasar por alto ningún error. Consulta la lista de verificación de Comprobar la corrección al revisar tus oraciones.

Comprobar la corrección

- ☐ ¿Tienen todas las oraciones la puntuación correcta?
- ☐ ¿Concuerdan los sujetos y los verbos en todas las oraciones?
- ☐ ¿Están todos los verbos en pasado y futuro usados correctamente?
- ☐ ¿Están todas las palabras escritas correctamente?

Escribe dos errores que hayas encontrado al corregir tu texto.

1. ______________________________

____

2. ______________________________

____

tecnoNOTAS

Si escribes tu texto en computadora, usa la tecla "Tab" para agregar la sangría en cada párrafo.

Enlace gramatical

Mientras revisas, asegúrate de que los pretéritos de los verbos terminados en *-ar* estén correctamente escritos. Recuerda que cada persona tiene una terminación distinta excepto la segunda y tercera persona del plural: *Ustedes **bailaron**/Ellos o ellas **bailaron**.*

Publicar, presentar y evaluar

Publicación Crea una copia final de tu ensayo expositivo limpia y sin errores. Agrega ilustraciones o un diagrama para que tu trabajo publicado sea más interesante.

Presentación Cuando estés listo para presentar tu trabajo, ensaya tu presentación. Consulta la lista de verificación de Comprobar la presentación como ayuda.

Evaluación Después de publicar y presentar tu ensayo, lee las pautas de calificación para evaluarlo.

1. ¿Qué te quedó bien en tu texto? ______________________

____

____

2. ¿Qué partes requieren más trabajo? ______________________

____

____

Comprobar la presentación

- [ ] Siéntate o párate erguido.
- [ ] Mira a diferentes personas del público.
- [ ] Habla lentamente y con claridad.
- [ ] Habla a un volumen lo suficientemente alto para que todos te escuchen.
- [ ] Responde las preguntas con datos de tu texto.

Escuchar Al escuchar activamente, prestas atención a lo que oyes. Cuando escuches las presentaciones de otros estudiantes, toma notas que te ayuden a comprender sus ideas.

De la presentación de ....

aprendí: ____

Preguntas que tengo acerca de la presentación de

....:

____

____

Saber escuchar

- ☐ Mira a la persona que habla.
- ☐ Muestra con lenguaje corporal que estás atento.
- ☐ Identifica palabras clave sobre el tema.
- ☐ Identifica qué cosas hace bien el hablante.
- ☐ Haz preguntas sobre los datos que no hayan quedado claros.

4	3	2	1
• Se centra en un tema relacionado con la música. • Tiene un principio interesante y una conclusión. • Cada párrafo desarrolla una idea. • No tiene errores, o tiene muy pocos.	• Se centra mayormente en un tema relacionado con la música. • Presenta el tema al principio y tiene una conclusión. • En cada párrafo, casi todos los detalles se relacionan con una idea. • Tiene algunos errores.	• Le falta centrarse en un tema. • No tiene un principio interesante ni una conclusión. • Se intentan escribir párrafos completos. • Los errores distraen la atención del significado del texto.	• No se centra en un tema. • No tiene ni una introducción clara ni una conclusión. • No se organizan las ideas en párrafos. • Tiene muchos errores que hacen difícil entender el texto.

Repaso en espiral

En la Unidad 3, aprendiste nuevas destrezas y estrategias que te ayudarán a leer y comprender textos. Es hora de practicar lo que aprendiste.

- **Palabras compuestas**
- **Prefijos**
- **Propósito del autor**
- **Secuencia**
- **Idea principal y detalles clave**
- **Fotos y leyendas**
- **Punto de vista**

Conectar con el contenido

- **Narrativa personal**
- **Responder a la Lectura en voz alta**
- **Anuncio sobre ayudantes comunitarios**

Lee la selección y elige la mejor respuesta a cada pregunta.

Aterrizaje del Águila

1 El astronauta Neil Armstrong estaba sentado en una pequeña nave espacial que se llamaba Águila (del inglés, *Eagle*). Estaba volando hacia la Luna. Neil observaba cómo se acercaba el Águila a la Luna. De pronto, se encontró con un gran problema. El sistema de computadoras que guiaba el Águila la dirigía hacia un terreno de rocas enormes como carros. Neil sabía que esa zona de aterrizaje no era segura. Las rocas podían desequilibrar al Águila. Eso dañaría la nave. ¡Él nunca podría salir de la Luna!

2 Neil tomó una decisión. Apagó las computadoras. Él mismo dirigiría la nave. Temía sufrir un accidente al aterrizar. Y casi no quedaba combustible. ¡Neil debía encontrar un lugar para aterrizar cuanto antes!

3 Neil guió el Águila con cuidado y pasó las rocas gigantes. Más adelante, vio un terreno amplio y llano.

4 "¡Ese es un buen sitio!", pensó. Despacio, hizo descender la nave. Pero los cohetes aceleradores formaron una gran nube de polvo. Neil no veía nada mientras dirigía la nave hacia el suelo lunar.

5 Finalmente, las pequeñas patas del Águila dieron contra el suelo de la Luna. Neil suspiró aliviado. Con su radio, envió un mensaje feliz a la Tierra: "Houston... El Águila ha aterrizado".

National Aeronautics and Space Administration (NASA)

Neil Armstrong fue la primera persona en caminar sobre la Luna. Colocó una bandera en ella para mostrar que los astronautas estadounidenses habían sido los primeros en llegar hasta allí.

LO QUE APRENDISTE

1 En el párrafo 1, el lector puede pensar en el prefijo "des-" para comprender que la palabra desequilibrar significa...

A dar equilibrio.

B hacer perder el equilibrio.

C pesar.

D quitar peso.

2 ¿Qué oración del artículo ayuda más al lector a comprender que la zona de aterrizaje marcada era insegura?

F El sistema de computadoras que guiaba el Águila la dirigía hacia un terreno de rocas enormes como carros.

G ¡Él nunca podría salir de la Luna!

H Neil no veía nada mientras dirigía la nave.

J "Houston... El Águila ha aterrizado".

3 ¿Qué idea del artículo respalda la fotografía?

A Neil Armstrong hizo grandes cosas por el viaje espacial.

B La nave espacial Águila era difícil de dirigir.

C Neil Armstrong estaba preocupado por el aterrizaje.

D La nave espacial Águila era pequeña y podía romperse fácilmente.

4 Lo más probable es que el autor haya escrito el artículo para...

F convencer al lector de que sea astronauta.

G compartir información sobre un programa espacial.

H contar al lector sobre alguien importante de la historia.

J explicar cómo aterriza una nave espacial en la Luna.

Acuérdate

Para comprender el significado de una palabra con prefijo, como *des-*, *re-*, *pre-* o *in-*, puedes separar la raíz de la palabra del prefijo.

Lee la selección y elige la mejor respuesta a cada pregunta.

Algo extraordinario, divertido y hermoso

1 Se acercaba la Feria de Ciencias y Ema no sabía qué hacer. Le encantaban los experimentos y los descubrimientos. En su cuarto tenía un cuadro de Marie Curie y otro de Jane Goodall. ¡Quería ser una famosa científica como ellas!

2 Pero esta vez, Ema no encontraba inspiración. Deseaba destacar en la Feria. Quería presentar un experimento extraordinario, divertido y hermoso. Pero no se le ocurría nada.

3 Pensó en salir a dar una vuelta en su patineta, su pasatiempo preferido cuando necesitaba que se le ocurriera algo, pero afuera llovía mucho.

4 Miraba la lluvia por la ventana de su cuarto. "¿Qué puedo hacer que sea extraordinario, divertido y hermoso?", pensaba.

LO QUE APRENDISTE

5 Poco después, salió el sol. Pero en la calle seguía lloviendo. A través de su ventana, Ema vio algo realmente extraordinario, divertido y hermoso: ¡un arcoíris!

6 Ema sabía que la luz blanca es una mezcla de todos los colores, y que se descompone al pasar por un prisma. Cuando llueve, las gotitas de agua actúan como prisma. La luz del sol las atraviesa y se crean los arcoíris. "¡Lo tengo!", exclamó.

7 Colocó un prisma de cristal frente al rayo de luz de su linterna y creó su propio arcoíris. ¡Su experimento sería un éxito en la Feria de Ciencias!

8 Marie y Jane estarían orgullosas de Ema.

1 Mira este diagrama. ¿Qué detalle del cuento corresponde al recuadro vacío?

A Se acerca la Feria de Ciencias.

B Ema no encuentra inspiración.

C Sale el sol y Ema ve un arcoíris.

D Otros científicos estarían orgullosos de Ema.

2 ¿Cómo sabes que el punto de vista del cuento es en tercera persona?

F El narrador es un personaje del cuento.

G El narrador trata de ser un personaje del cuento.

H El narrador tiene un papel importante al ayudar a Ema a encontrar inspiración.

J El narrador cuenta lo que hace un personaje, pero él no es un personaje del cuento.

3 ¿Qué palabra del párrafo 3 se puede separar en dos palabras más cortas que tienen sentido?

A *cuando*

B *ocurriera*

C *pasatiempo*

D *patineta*

Ema debe presentar un experimento en la Feria de Ciencias.

↓

Ema quiere salir para encontrar inspiración pero llueve mucho.

↓

[ ]

↓

A Ema se le ocurre un experimento que será un éxito.

Acuérdate

El punto de vista es en tercera persona cuando un narrador cuenta una historia sobre sucesos que ocurrieron a otros.

AMPLÍA LO QUE APRENDISTE

Enfoque en el género

Vuelve a leer la narrativa personal "Caer bien parado" en las páginas 232 a 235.

- Cuando lees el texto, ¿cómo sabes que es una narrativa personal? ¿Qué palabras usa la autora en la primera oración para mostrar que la historia está escrita desde el punto de vista la primera persona?

____

____

- ¿Qué cosas de esta historia te hacen pensar que lo que cuenta podría ocurrir en la vida real?

____

____

Habla sobre cómo la autora usa palabras que indican tiempo para contar los sucesos en orden. Luego, usa el organizador gráfico para anotar las partes de la historia que ocurren al principio, en el desarrollo y al final.

Acuérdate

El punto de vista es en primera persona cuando alquien cuenta su historia. Una narrativa personal está escrita en primera persona.

Principio

Un viernes, ______________________________

Desarrollo

Durante el fin de semana, ______________________________

Final

El lunes, ______________________________

AMPLÍA LO QUE APRENDISTE

Prefijos

Un prefijo es una parte que se agrega al principio de una palabra para formar otra palabra nueva. Puedes separar un prefijo, como *pre-* o *des-*, de la raíz de la palabra. Conocer el significado de un prefijo puede ayudarte a descubrir el significado de muchas palabras.

Ejemplos de prefijos y sus significados:

des-	no	desacuerdo
re-	nuevamente	renombrar
pre-	con anterioridad	preocupado

Usa la tabla como ayuda para escribir el significado de estas palabras. Luego, escribe una oración con cada palabra en tu cuaderno.

descontento ______________________

recargar ______________________

predecir ______________________

deshecho ______________________

releer ______________________

Escribir una narrativa personal

Escribe una narrativa personal sobre un concierto. Puedes escribir sobre un concierto en el que tocaste o que escuchaste. Lee las siguientes sugerencias:

- Tu narrativa debe contar algo que hiciste de verdad.
- Incluye detalles sobre cómo te hizo sentir ese suceso.
- Asegúrate de que la historia tenga un principio, desarrollo y final.
- Usa palabras que indican orden en el tiempo, como *primero, luego* y *por último,* para que el lector sepa en qué orden ocurrieron los sucesos.
- Completa estas líneas como ayuda para empezar.

> **Acuérdate**
>
> Cuando escribes una narrativa personal, debes escribir en primera persona. Es decir que debes usar palabras como *yo, me, nosotros* y *mi.*

Título: ____

Ambiente: ____

Principio: ____

Desarrollo: ____

Final: ____

AMPLÍA LO QUE APRENDISTE

Responder a la Lectura en voz alta

Los sucesos principales describen qué sucede en la historia al principio, en el desarrollo y al final. Los sucesos te ayudan a entender los personajes, el argumento y el orden en que ocurre las cosas.

Escucha "El Sol oculto"

Describe qué sucede en la historia.

Escribe sobre tres eventos principales.

Suceso
Suceso
Suceso

Acuérdate

Escucha atentamente la historia para comprender cómo los sucesos importantes se van desarrollando uno detrás de otro.

Anuncio sobre ayudantes comunitarios

ESTUDIOS SOCIALES

COLABORA

Un ayudante comunitario es una persona que ayuda a otras en su comunidad. Puede trabajar en refugios para animales o en bibliotecas. Puede apagar incendios o conducir una ambulancia. Muchos lugares funcionan gracias a la ayuda de estas personas.

Elige un ayudante comunitario de tu comunidad. Imagina que estás buscando voluntarios para unirse a tu ayudante comunitario. Escribe un anuncio que cuente a las personas qué harán y cómo ayudarán. Puedes consultar recursos impresos o en línea para buscar información.

Escribe el nombre o la tarea del ayudante comunitario sobre el que escribirás.

____

¿Cuál es una de las cosas que hace esta persona?

____

Escribe ideas sobre cómo debería verse el anuncio.

____

____

Acuérdate

Un anuncio puede incluir un eslogan e instrucciones sobre cómo unirse al proyecto. Suele incluir información como un sitio web donde se puede aprender más sobre el tema.

EVALÚA TU PROGRESO

¿Qué aprendiste?

Evalúa las destrezas que aprendiste en esta unidad. Encierra en un círculo tus calificaciones en la tabla.

	Excelente	Buena	Regular	Necesita mejorar
Palabras compuestas	4	3	2	1
Prefijos	4	3	2	1
Propósito del autor	4	3	2	1
Secuencia	4	3	2	1
Idea principal y detalles clave	4	3	2	1
Fotos y leyendas	4	3	2	1
Punto de vista	4	3	2	1

¿Qué quieres mejorar? ______________________________

____

COLABORA

El texto y tú Piensa en los textos que leíste en esta unidad. Conversa con un compañero sobre una conexión personal que hayas hecho con alguno de los textos. Completa la siguiente oración como ayuda.

Hice una conexión con. . . porque. . .

Integrar | BÚSQUEDA E INVESTIGACIÓN

ESTUDIOS SOCIALES

Presentar el trabajo

COLABORA

Planea con tu compañero la presentación del collage a la clase. Tengan en cuenta la lista de verificación de Comprobar la presentación. Comenta las oraciones de abajo y complétalas.

La canción me hace sentir ________________________________

____

____

____

Me gustaría saber más acerca de ____________________________

____

____

____

Acuérdate

Decidan qué información compartirá cada uno. Practiquen juntos antes de la presentación a la clase.

Comprobar la presentación

- ☐ Practica con tu compañero frente a un amigo.
- ☐ Señala cada parte del collage a medida que hablas sobre ella.
- ☐ Párate erguido y mira al público.
- ☐ Habla con claridad y despacio para que todos puedan comprenderte.